JN458181

AI와 평가지배사회

인공지능총서

인공지능 시대입니다. 기계가 인간의 인지를 대신하고, 사물이 인간을 통하지 않고 다른 사물과 직접 커뮤니케이션합니다. 이에 따른 인간 삶과 문명 변화를 정확히 이해·예측·대응하는 것은 이 시대 우리 모두의 과제입니다. 인공지능총서는 인공지능 기술과 환경의 여러 주제를 10가지 키워드로 정리합니다. 관련 개념과 이론, 학계와 산업계의 쟁점, 우리 일상의 변화를 다룹니다. 인간과 기술의 현재, 미래를 세심히 분석합니다.

일러두기

- 인명, 작품명, 저서명, 개념어 등은 한글과 함께 괄호 안에 해당 국가의 원어를 병기했습니다.
- 외래어 표기는 현행 어문규정의 외래어표기법을 따랐습니다.

처음이세요?

전문가세요?

지금, 큐알 찍으면

- AI 입문서 바로 선물
- 당신만의 필독서 추천
- 500권 요약본 공짜
- 오디오북 무료 사용

AI와 평가지배사회

김민주

대한민국, 서울, 커뮤니케이션북스, 2025

AI와 평가지배사회

지은이 김민주
펴낸이 박영률

초판 1쇄 펴낸날 2025년 7월 22일

커뮤니케이션북스(주)
출판 등록 2007년 8월 17일 제313-2007-000166호
02880 서울시 성북구 성북로 5-11
전화(02) 7474 001, 팩스(02) 736 5047
commbooks@commbooks.com
www.commbooks.com

이 책은 커뮤니케이션북스(주)가 저작권자와 계약해 발행했습니다.
본사의 서면 허락 없이는 어떠한 형태나 수단으로도
이 책의 내용을 이용할 수 없음을 알려드립니다.

© 김민주, 2025

ISBN 979-11-430-0422-2 03500

책값은 뒤표지에 표시되어 있습니다.

차례

AI 시대의 평가

평가를 피할 수 있는 인간은 거의 없다. 크고 작은 평가 속에서 살아가는 것이 인간이다. 인간은 평가를 하기도 하고 받기도 한다. 평가에 대한 평가도 하면서 살아간다. 이제 더 이상 평가의 굴레라는 표현도 군더더기와 같다. 그냥 평가를 자연스럽게 여긴다. 평가지배사회가 그렇다. 평가지배사회에서 인간은 평가가 우리 인간과 사회를 지배한다는 사실을 모른 채 살아간다.

평가는 시대를 막론하고 존재해 왔다. 역사가의 평가로 만들어지는 역사의 시간 자체가 평가의 역사다. 역사 이전의 시대도 마찬가지다. 문자나 문서로 된 기록이 없을 뿐, 그림과 이런저런 흔적은 당시 나름의 평가에 따른 일종의 역사와 같은 것이다. 그래서 평가는 인간이 존재할 때부터 함께했다. 방향을 미래로 돌리면, 미래에도 인간이 존재하는 한 평가가 계속되리라는 예상이 가능하다.

그런데 얼마 전부터 인간 존재를 흉내 내거나 대체하거나 혹은 뛰어넘을 수도 있다고 예상되는 새로운 주체가 등장하여 이 시대를 규정하고 있다. 인공지능인 AI(Artificial Intelligence)가 그것이다. 인간 지능이 아닌 인공지능의 시대라면 그 주체가 인간이 아니라는 의미이고, 그렇다면 앞으로도 인간과 함께할 평가는 어떻게 될까?

AI의 전제와 AI 시대

어떤 대상이나 현상에 대해 이해하고자 할 때 그것들에 대한 전제를 이해할 필요가 있다. 전제가 무너지면 더 이상 성립하지 않는 것도 많다. 그래서 전제에 대해 충분히 검토한 후 그 대상을 이해하는 것이 적절하다.

AI의 전제는 인간이다(김민주, 2024). 역설적으로 보일 수도 있으나, 인간이 전제되지 않으면 인공지능의 '인공'과 '지능' 모두가 성립될 수 없다. 인간이 있기에 '인공'도 있고 인간의 지능과 대비되는 '인공의 지능'도 존재하는 것이다. 그래서 인공지능을 말할 수 있으려면 인간 지능을 함께 말하지 않을 수 없다. 인공지능은 인간의 지능처럼 되는 것을 목표로 삼고 있고, 또 더 나아가 인간의 지능을 뛰어넘는 것을 다음 단계의 목표로 설정하고 있다. AI에게는 인간, 그리고 인간의 지능이 기준점인 것이다.

그래서 AI의 발전을 말할 때도 언제나 인간을 두고 비교한다. 예컨대, 인간의 IQ(Intelligence Quotient)와 비교하기도 하고 AI 모델 간 IQ도 비교하고(김성태, 2025.4.27; 조수아, 2025.4.15), 또 AI로 인해 사라질 인간의 직업 및 일자리가 어디까지 확대되었는지 그리고 그 속도가 어느 정도인지 등도 모두 인간을 두고 하는 전망들이다(김연주, 2025.4.2). AI의 발전을 인간에게 주는 편리함을 기준으로 말할 때도 마찬가지다. 인간 지능을 흉내 내고 뛰어넘으려고 하는 AI에게 인간 자체와 인간의 지능은 발전의 기준이자 척도가 되는 것이다.

사실, AI라는 존재는 인간이 만든 것이므로 인간이 AI 탄생의 전제라는 점을 그보다 더 강력히 말해 주는 것은 없다. 인간이 스스로 인간과 같은 인공지능을 만든 것이다. AI에 대한 인간의 손길을 고려한다면 인간을 전제하지 않을 수 없다. 심지어 그 손길은 AI가 그의 지능으로 스스로 학습해 가고 있는 지금도 이어지고 있다. 물론 인간의 손길을 완전히 벗어나는 AI도 생길 것이다. 하지만 그렇다고 해도 인간의 손길이 닿았다는 태생적 조건이 바뀌는 것은 아니다.

그렇게 본다면 AI는 새로운 주체로 보이는 듯하지만 여전히 인간과 함께할 수밖에 없고, 그렇다는 것은 AI 역시 평가와 멀리 떨어져 있지 않다고 볼 수 있다. 다시 말해, 인간을 전제로 하는 AI 역시 인간의 역사와 함께해 온 평가와 가까이 위치하고 있는 것이다.

이처럼 마치 인간의 시대를 대체하는 것처럼 들리는 'AI 시대'라고 해도, 인간이 전제되어 있으므로, 인간이 평가지배사회에서 살아가고 있다는 사실은 여전하다. 다만, AI 시대가 무르익으면 기존의 평가지배사회와는 꽤 달라질 가능성이 높다. 인간이 평가하거나 평가받을 때, 자체 지능을 지닌 AI가 어떤 식으로든지 영향을 줄 것이기 때문이다. 따라서 인간에 대한 평가는 여전하겠으나, AI의 영향으로 그 이전과는 어느 정도 다른 평가지배사회가 될 것이다.

그런 점에서 본다면 어쨌든 AI 시대라고 할 만하다. 실제로 AI 시대라는 말은 어떤 특정인이 규정해서 만든 것이 아니다. 이는 AI가 우리 사회, 국가, 국제 사회에 많은 영향을 미치게 되면서 자연스럽게 등장한 용어다. 여기서 시대라는 말이 자칫 거창하게 들릴 수도 있지만, 많은 사람들에 의해 인식되고 반복되어 일정한 공감대가 형성된 결과다. 그런 점에서 지금은 AI 시대라는 말이 어색하지 않은 시대가 되었다.

유기체로서의 평가

평가는 유기체의 속성을 지니고 있다. 살아 움직이는 생물과 같고, 그래서 고정되어 있지 않고 유동적이다. 크고 작은 평가 중에서 변하지 않는 평가는 없다. 평가자에 의해, 피평가자에 의해, 평가 대행자에 의해, 평가 제도에 의해, 평가 관련 법 등 다양한 이유로 평가의 어느 한 부분이라도 변한다. 먼 과거부터 지금에 이르기까지 평가가 존재했다는 사실도 평가의 유기체로서의 특성을 보여 준다. 이는 평가가 다듬어지며 적응해 왔다는 방증이기 때문이다.

AI 시대에도 마찬가지다. 평가는 유기체처럼 AI 시대에 적응한다. 그 결과 기존의 평가지배사회와는 달리 'AI 평가지배사회'가 될 것이다. 평가가 AI에 적응하고 또 AI에 대응하며 인간과 사회를 지배하는 모습으로 적응할 것이다. 사실 평가뿐 아니라, AI도 유기체적 속성을 지니고 있다. AI를 유기체로 규정하는 것이 아니라 유기체처럼 변화와 적응을 거듭한다는 의미다. AI의 발전을 위한 각종 피드백과 시행착오는 성장하는 생물의 그것과 같다. 따라서 AI 시대에는 인간, 평가, AI가 모두 유기체로서 지금의 이 시대를 수용하며 존재하고 있다.

AI 시대에 평가에 관한 논의가 필요한 이유가 바로 여기에 있다. 유기체적 속성이 없다면 어느 한 시점의 AI 관련 평가에 관한 논의만 하면 된다. 변함없이 고정되어 있고 살아 숨 쉬는 듯한 생물적 속성도 없으니 굳이 AI 시대의 평가를 따로 살펴볼 필요가 없다. 그러나 그렇지 않기 때문에 AI 시대의 평가에 대한 논의가 필요한 것이다.

주요 내용

따라서 이 책에서는 AI 시대의 평가에 대해 논의한다. 기존에 평가지배사회만을 논의한 데서 더 나아가는 것이다. 즉 AI의 유기체적 성격을 고려하여 지금의 시대에 맞는 논의를 위해 AI 평가지배사회의 전반을 살펴본다.

이를 위해 평가지배사회에서 AI 평가지배사회가 등장하게 된 배경(01)부터 평가에 친화적인 AI(02)와 또 AI에 친화적인 평가(03)를 논의한다. AI 평가지배사회에서 AI와 평가는 서로 친화적이며 AI 시대도 평가가 지배하는 사회라는 점을 설명한다.

그리고 AI 시대의 주요 평가 관련 주체에 관해서도 논의한다. 주요 주체로서 평가자(04), 피평가자(05), 평가매개자(06)가 AI 시대에 AI와 어떤 영향을 주고받는지, 그리고 그 속에서 어떻게 적응하며 살아가고 있는지를 살펴본다.

이후 AI와 평가 결과 간의 관계(07)와 또 평가에 대한 평가에서 AI의 역할을 논의한다(08). 평가는 결국 좋은 평가를 받기 위한 목적이므로, AI와 관련된 평가 결과에 대한 내용은 물론이고, 평가의 신뢰성 등을 위해 실시하는 평가에 대한 평가에 대해서도 논의하는 것이다. 이는 AI와 평가 산물 간의 관계에 관한 논의다.

마지막으로 AI 평가지배사회의 인간, AI 호모 이밸루쿠스(09)와 AI 평가지배사회 이후를 논의한다(10). AI 시대가 현 인류의 최종 단계에 해당하는 시대는 아닐 것이다. 그런 점에서 AI 호모 이밸루쿠스(Homo Evalucus)의 미래로서 AI 평가지배사회 이후의 가능성에 대해 논의한다.

참고문헌

김민주(2024). 《AI 상상권력》. 커뮤니케이션북스.

김성태(2025.4.27). 벌써 'IQ 100' 돌파한 챗GPT·딥시크…한국 AI는 추격 시동. 《서울경제》.
https://www.sedaily.com/NewsView/2GROMKA0Y4

김연주(2025.4.2). "컴퓨터 프로그래머 AI에 대체됐다"…AI 일자리 공습 시작되나. 《중앙일보》.
https://www.joongang.co.kr/article/25325614

조수아(2025.4.15). 1등 'IQ 128'…지능 지수 제일 높은 AI는?.

《한경비즈니스》.
https://magazine.hankyung.com/business/article/202504152712b

01
AI 평가지배사회의 등장

'평가'라는 키워드로 세상을 바라보면 평가가 이 사회를 지배하고 있음을 알 수 있다. 이런 사회를 '평가지배사회'라고 하고, 그 속에서 살아가는 인간을 '호모 이밸루쿠스'라고 부른다. 미래에도 평가지배사회를 살아갈 호모 이밸루쿠스에게 하나의 중요한 변수가 생겼다. 그것은 AI의 출현이다. 이제는 평가지배사회에서 'AI 평가지배사회'로 변해 가고 있다.

AI와 1인 창업?

평가지배사회와 호모 이밸루쿠스

평가에서 자유로운 사람은 거의 없다. 아침에 일어나서 밤에 잠들 때까지, 그리고 휴식 시간에도, 심지어 꿈속에서도 우리는 크고 작은 평가를 하고 또 평가를 받는다. 일생을 놓고 보면, 태어나서부터 죽을 때까지 평가를 하거나 받고, 때로는 죽은 이후에도 사후 평가라는 이름으로 평가받기도 한다. 시험을 통한 평가, 외모 평가, 성격 평가, 능력 평가, 인상 평가, 맛 평가, 태도 평가, 기분 평가, 그리고 평가에 대한 평가 등 온 세상이 평가로 둘러싸여 있다. 누군가에 의한 평가뿐 아니라 스스로에 대한 평가도 수시로 이루어진다. 너무 수시로 평가하거나 평가받기 때문에 평가가 이루어지는지도 모를 정도다. 이처럼 '평가'라는 키워드로 이 사회를 보면 평가가 이 사회를 지배하고 있음을 알 수 있다. 이런 사회를 '평가지배사회'라고 한다(김민주, 2016).

평가는 '가치'를 생각하며 살아가는 인간과는 불가분의 관계에 놓여 있다. 평가의 개념이 '어떤 대상에 대해 가치 판단을 해서 인지적 차별성을 부여하는 행위'라는 점을 생각하면 쉽게 이해할 수 있다(김민주, 2016). 가치의 옳고 그름이나 영향력 및 중요성의 정도를 떠나, 인간은 스스로 가치 있다고 여기는 것에 관심을 두고 있고 또 그와 관련된 행위를 하며 살아간다. 그래서 그 가치를 판단하고 그 결과를 인지할 수 있는 형태로 드러내는 평가 행위가 인간과 관련되어 있는 것은 당연하다. 다시 말해, 평가는 기본적으로 가치를 생각하고 추구하는 인간과 밀접한 관계에 놓여 있다.

물론 그렇다고 해서 인간과 평가의 관계가 완전무결하다는 것은 아니다. 오히려 밀접한 만큼 관련된 다양한 이슈가 많다. 그 이슈의 중심에는 평가가 지배하는 세상에서 인간이 어떻게 살아가야 하는가의 고민도 놓여 있다.

따라서 평가지배사회를 살아가는 인간은 평가의 굴레와 그러한 사회에서 어떻게 살아가야 하는가에 대한 고민의 굴레에 갇혀 있다. 이런 인간을 호모 이밸루쿠스라 부른다(김민주, 2020). 온갖 시험을 비롯하여 각종 평가를 경험하며 살아가는 호모 이밸루쿠스는 아주 먼 과거에서부터, 현재는 물론이고, 미래에도 계속 평가 속에서 살아갈 것이다.

AI의 출현

미래에도 평가지배사회를 살아갈 호모 이밸루쿠스에게 하나의 중요한 변수가 생겼다. 미래 역시 평가가 지배하는 평가지배사회이겠지만, 그때는 평가와 AI가 서로 영향을 주고받으며 만들어지는 평가지배사회라는 점에서 현재와는 같지 않을 것이다. 평가지배사회라는 점에는 변함이 없지만 평가지배사회 내의 특징이 지금과는 다르다는 의미다. 이는 컵과 그 컵의 재료와의 관계로 비유할 수 있다. 유리로 만든 컵이나 플라스틱으로 만든 컵이나 둘 다 컵으로 불리지만, 각각 유리와 플라스틱으로 만들어졌기 때문에 서로 다르다고도 말하는 것과 같다. AI 시대 이전의 평가지배사회와 AI 시대 이후의 평가지배사회는 평가지배사회라는 점에서는 동일하지만, AI와 평가 간 상호 영향으로 인해 AI 시대 이전과 이후에 차이가 생긴다.

이와 같은 차이는 AI가 지니고 있는 사회적 영향력 때문에 발생한다. 사회의 주요 이슈로 비단 AI만 존재하는 것은 아니다. 그 이외에도 이슈거리는 얼마든지 많다. 그럼에도 불구하고 최근에는 AI가 최첨단의 현재와 미래 사회를 나타내는 일종의 대명사처럼 사용될 정도로 그 영향력이 여타의 이슈들보다도 강력하다(김민주, 2024). 최첨단 기술이나 미래를 표현할 때면 'AI ○○'이라고 말하거나 그렇게 명명(命名)하는 게 자연스러울 정도다. AI는 우리 사회에 긍정적 영향과 부정적 영향을 모두 가

져오고 있다. 그 영향들 간의 상대적인 많고 적음을 떠나 중요한 것은 AI가 사회 변화에 미치는 영향력이 적지 않다는 점이다(백승익 외, 2016). 따라서 미래의 평가지배사회에서 AI의 출현은 중요 변수가 된다.

AI는 인간 지능을 모방하는 수준에서 더 나아가 인간의 지능을 뛰어넘으려고 한다. 이러한 AI는 평가 속에서 살아가는 인간과 함께한다. 따라서 평가지배사회에서 AI의 출현은 곧 인간의 평가 행위에 인공지능이 함께하게 되었음을 의미한다. 지금과는 다른 차원의 변수가 출현한 것이다. 나아가 미래에 인간 지능의 특정 분야에 한정되지 않고 인간의 일반 지능을 모두 구현하며 그것을 뛰어넘을 인공 일반 지능(AGI, Artificial General Intelligence)이 출현한다면, 그 출현은 더욱 강렬하여 변수로서 영향도 매우 클 것이다.

사실 그동안 AI의 발전에는 다소간 부침이 있었다. AI에 대한 최초의 개념은 1950년 수학자 앨런 튜링(Alan Turing)의 "기계도 생각할 수 있을까?(Can machines think?)"라는 질문에서 시작되었다. '튜링 테스트(The Turing Test)'를 고안하기도 한 그의 AI 개념은 이후 1956년 다트머스 회의(Dartmouth Conference)에서 하나의 용어로 처음 사용되었다. 이후 컴퓨팅 성능, 논리

체계, 데이터 부족 등의 한계로 인해 AI 연구가 침체기를 맞기도 했지만, 2010년대부터 AI 연구는 급속도로 성장하면서 지금은 생활 곳곳에서 실제로 구현되고 있다(김민주, 2024). 이제 AI의 성장 속도는 일종의 가속 상태에 이르렀다. AI의 출현이 마치 먼 과거의 이야기처럼 되어 버렸다. 어느 분야까지 적용되고 있는지, 어느 정도 수준에 이르고 있는지, 다음 단계의 성장은 어느 정도 수준이며 언제 구현되는지 등에 초점을 둔 논의가 주를 이루고 있다. 따라서 평가지배사회의 호모 이밸루쿠스는 이제 AI의 출현에 따라 어떤 영향이 도래할 것인가에 대해 예상할 것이 아니라, 이미 맞이한 AI가 평가와 어떤 상호관계를 맺고 있는지를 당연히 이해하고 있어야 하는 상황에 놓여 있다.

평가지배사회에서 'AI 평가지배사회'로

어떤 대상이나 현상이 어떻게 불리는가는 우리 인식에 많은 영향을 준다. 우리는 없던 것도 있는 것처럼 인식하도록 하여 실제 그것을 전제하고 말하면서 세상을 만들어 가기도 한다(Miller, 2021). 하물며 직접 평가를 하기도 하고 또 직접 평가를 받기도 하면서 평가의 실체를 체감하는 상황에서 평가지배사회라는 용어가 쓰인다면,

평가지배사회에 대한 사회적 인식의 강도는 더 높아진다. AI도 마찬가지다. AI가 구현되는 것을 보고 경험하고 그로부터 느끼고 체감하면, AI 시대라는 말이 주는 인식의 강도도 높아진다.

인식의 강도가 높아지면 역설적이게도 무의식에 잠재하게 되어 의식하지 않게 된다. 그리고 그것이 당연하고 자연스럽게 여겨진다. 현재 평가지배사회를 살아가는 호모 이밸루쿠스가 그렇다. 평가를 당연하게 받아들이고 별로 의심 없이 그에 따른다. 학생이면 누구나 시험 보는 것을 당연하게 생각하고, 직장인은 근무성적평정을 받는 것을 자연스럽게 수용한다. 생활 속 소소한 각종 평가는 거의 무의식적 습관으로 이루어진다.

AI 역시 이제는 무의식적 인식 영역으로 들어갈 정도가 되었다. 최근에는 챗지피티(ChatGPT) 덕분에 많은 사람들이 AI를 더 많이 이용하면서 체감도를 높이고 있다. 실제로 과학기술정보통신부가 발표한 《2024 인터넷 이용 실태 조사》에 따르면 우리나라 국민 3명 중 1명은 생성형 AI 서비스를 직접 경험했다고 한다(김봉기, 2025.3.31). 심지어 일반인 97%가 생성형 AI를 인지하고 있고, 95%의 응답자가 생성형 AI를 이미 사용하고 있다는 설문 조사 결과도 있다(임권택, 2025.1.20). 여기서

97%나 95%라는 숫자 자체가 중요하다기보다는 AI에 대한 사람들의 경험이나 체감도가 높다는 사실을 눈여겨볼 필요가 있다. 특히 AI가 생활 가전 등 사소한 것에 접목될 때, 그리고 그것을 우리가 편리하게 이용하면서 생활의 일부로 느끼게 되면 AI 시대에 대한 우리 인식의 자연스러움은 더해질 것이다.

따라서 기존의 '평가지배사회'가 이제는 'AI 평가지배사회'로 이행하고 있다. 우리 사회에서 지대한 영향과 존재감을 지닌 AI가 평가지배사회와 상호 관계를 맺으며 사회의 한 단면을 그리고 있다. 이는 평가지배사회의 변화이자 진화다. AI가 평가지배사회에 변화를 야기했고, AI로 인해 새로운 시대에 평가지배사회의 생존력과 영향력 및 지배력은 더 높아지고 있다.

AI 평가지배사회는 분명 평가지배사회의 연속선상에 놓여 있지만 단절적 특징도 지니고 있다. 그래서 진화인 것이다. 평가지배사회의 변화와 진화에는 평가지배사회적 특징의 이어짐과 사라짐 그리고 새로운 특징의 추가가 함께 나타난다. 그 중심에 AI가 있다.

이처럼 평가지배사회를 AI 평가지배사회로 부르기 시작하면 그러한 호명 속에서 인식의 강화가 나타나기 시작한다. 지금은 평가지배사회의 큰 테두리 속에 AI 평가지배사회의 싹이 트는 중이지만, 곧 평가지배사회 자체가 AI 평가지배사회로 전면 대체될 것이다. 이때는 AI 평가지배사회에 대한 우리의 인식이 무의식화할 것이다. 무의식은 우리의 행동 설계와 조정에 간여하여 오히려 의식보다 더 막강한 힘을 발휘한다는 점에서(Eagleman, 2024), 그때가 되면 AI 평가지배사회는 그냥 사회의 일부가 된다. 이러한 모습은 평가지배사회의 역사의 한 페이지이다.

참고문헌

김민주(2016). 《평가지배사회》. 커뮤니케이션북스.

김민주(2020). 《호모 이밸루쿠스: 평가지배사회를 살아가는 시험인간》. 지식의날개.

김민주(2024). 《AI 상상권력》. 커뮤니케이션북스.

김봉기(2025.3.31). 국민 3명 중 1명, "지난해 생성형 AI 서비스 직접 써봐". 《조선일보》. https://www.chosun.com/economy/industry-company/2025/03/31/WWI5A4PZJBAK3DHLP32UA5JIIM/

백승익 외(2016). "인공지능과 사회의 변화". 《정보화정책》, 23(4), 3~23쪽.

임권택(2025.1.20). "생성형 AI, 95%가 사용하고 81%가 긍정 평가". 《파이낸셜신문》. https://www.efnews.co.kr/news/articleView.html?idxno=117374

Eagleman, D.(2024). *Incognito: The secret lives of the brain.*

Random House Inc. 김승욱 옮김(2024). 《무의식은 어떻게 나를 설계하는가》. 알에이치코리아.

Miller, L.(2021). *Why fish don't exist: A story of loss, love, and the hidden order of life*. Simon & Schuster. 정지인 옮김(2021). 《물고기는 존재하지 않는다》. 곰출판.

02
평가 친화적 AI

AI는 평가의 산물이다. 수많은 평가 과정을 거치며 지금의 AI에 이르렀다. 앞으로도 계속 그럴 것이다. 평가가 없었다면 AI도 만들어질 수 없었다. 이런 AI는 여러 분야에 접목되어 그 적용이 확장됨에 따라 또 여러 평가를 받는다. 그리고 일정 수준에 이른 AI는 평가를 받는 데서 더 나아가 평가를 하기도 한다. 그런 점에서 볼 때 AI는 이미 평가에 친화적인 상태에 놓여 있다.

AI와 MBTI?

평가로 만들어진 AI

AI는 인간에 의해 만들어진 것이다. 그리고 지금 이 순간에도 계속해서 발전하고 있다. 물론 그 발전도 인간에 의해 이루어지고 있다. 비록 AI 스스로 학습하고 판단하고 행동한다고 해도 그 시작은 인간에 의해 이루어졌고, 여전히 인간에 의해 발전해 나가고 있다. 이 모습은 AI가 얼마나 평가 친화적인가를 보여 주는 것이다.

평가가 수반되지 않으면 무엇인가가 만들어지기 힘들고, 또 설사 평가 없이 만들어졌다 해도 그냥 그 상태로 머물러 있게 된다. 만들면서 평가하게 되고, 만들고 나서 또 평가하고, 그 평가 결과에 따라 다시 더 다듬고 개선하고 발전시킨다. 그렇게 크고 작은 평가가 존재하는 것이다. AI는 이러한 수많은 평가 과정을 거치며 지금에 이르렀다. 그리고 앞으로도 계속 그럴 것이다.

평가가 없었다면 AI도 만들어질 수 없었던 것이다. 실제로 AI 프로젝트는 실패를 많이 한다. AI 프로젝트의 80% 이상이 실패하는데, 이는 AI가 관련되지 않은 IT 프로젝트 실패율의 두 배에 해당하는 것이라고 한다(Ryseff et al., 2024). 실패는 곧 평가에 의해 판명된 것이고, 그 평가를 딛고 다시 도전하며 실패를 극복하려고 한다. 따라서 지금의 AI는 과거에 거듭 실패로 평가된 결과물들의 개선품이고, 현재도 계속 실패나 성공 등 평가를 받으며 발전하고 있다.

AI에 대한 평가는 비단 기술적 측면에서만 이루어지는 것이 아니다. AI가 우리 인간이나 사회에 어떤 영향을 주는가에 대한 전반적인 평가도 함께 이루어진다. 한 예로, 2025년에 제정된 AI 기본법으로 불리는 「인공지능 발전과 신뢰 기반 조성 등에 관한 기본법」에서 AI는 안전 관련 평가의 대상으로 규정되어 있다. 이 법에 따르면 인공지능 안전 연구소를 운영할 수 있다고 규정하고 있는데, 그 연구소가 수행하는 사업 중 하나가 인공지능 안전 평가 기준 · 방법에 관한 연구다(「인공지능 발전과 신뢰 기반 조성 등에 관한 기본법」 제12조). AI는 기술적 측면의 평가로 개선되고 발전될 뿐 아니라, 안전한가의 여부에 대해서도 평가를 받으며 개선 및 발전을 도모하고 있는 것이다.

특히 이와 관련한 평가는 인공지능 사업자가 노력해야 할 일 즉, 일종의 책무로서 법에 명시되어 있기도 하다. 이는 영향 평가의 일종인데, 인공지능 사업자가 고영향 인공지능을 이용한 제품 또는 서비스를 제공하는 경우 사전에 사람의 기본권에 미치는 영향을 평가하기 위하여 노력하여야 하고, 국가 기관 등이 고영향 인공지능을 이용한 제품 또는 서비스를 이용하려는 경우에는 영향 평가를 실시한 제품 또는 서비스를 우선적으로 고려하여야 한다고 명시되어 있다(「인공지능 발전과 신뢰 기반 조성 등에 관한 기본법」 제35조).

평가 없는 결과물, 개발, 개선, 발전은 없다. 그리고 평가 없는 실패도 없고 성공도 없다. 어정쩡하다는 것도 평가에 따른 것이고, 중단하는 것도 평가에 따른 것이다. 부족하다는 평가, 문제가 있다는 평가, 좋다는 평가, 더 좋을 수 있다는 평가, 실패라는 평가, 성공이라는 평가가 있기에 AI도 가능하다. 이렇게 본다면 AI는 평가의 산물이라 할 수 있다.

중요한 것이라면 그 어떤 것에도 평가가 동반되지만, 유독 AI와 관련한 개발이나 관련 활동 등에 더 많은 평가가 이루어지고, 평가의 필요성도 더 많이 요구되는 경향이 있다. 이는 AI가 인간은 물론이고 사회에 미치는 영향이 적지 않기 때문이다. 그래서 AI에 투입되는 정부의 예산도 많아지고, 그 예산에 대한 평가도 필수적으로 이루어진다.

일례로 정부는 2024년에 AI 일상화 과제들에 대해 7102억 원의 예산을 투입하였다고 한다(대한민국정책브리핑, 2024.4.4). 단지 일상화 과제의 예산이 이 정도

인데, 그 외 AI 관련 각 분야 및 각 부처별 예산을 모두 고려한다면 그 규모는 더 클 것이다. 우리나라 정부뿐 아니라 외국 정부에서도 AI 관련 예산이 적지 않다(이정아, 2024). 그렇기 때문에 더욱더 AI에 대한 평가는 높은 정당성을 지니며 이루어진다.

따라서 AI는 평가와 상당히 친숙하다. 만들어지면서 지속되는 과정 모두가 평가로 이루어지기 때문이다. 평가의 결과로 탄생한 것이 AI이므로 AI에게 평가지배사회는 전혀 어색하지 않다. 또 AI가 미치는 영향 때문에 평가가 더 강조되고 추구되기도 한다. 평가로 만들어진 AI가 미치는 영향에 대해 또 평가가 필요한 것이다. AI는 매우 평가 친화적이다.

평가로 확장되는 AI의 적용

AI는 독립된 하나의 대상물로 존재하는 것이 아니다. AI라는 별도의 주체가 있는 것이 아니라 무엇인가에 접목되는 속성을 지니고 있다. 다시 말해, 인공지능 자체가 존재한다기보다는 인공지능이 접목된 무엇인가에 의해 작동되며 존재를 드러내는 것이다. 따라서 평가로 만들어진 AI는 어딘가에 접목되면서 그에 대한 평가가 이루어진다.

예를 들면 가전제품에 접목된 AI, AI를 활용한 번역, 인터넷 검색 장치에 접목된 AI, AI를 통한 사주 풀이, AI에 의한 판결, AI로 작동하는 건강 체크 등, 사실 우리가 체감하는 AI는 AI가 접목된 것들로부터 이루어진다. AI가 접목될 수 있는 분야나 대상은 제한이 없을 정도다. AI로 인해 사라질 직업 리스트를 잘 보면, 정도의 문제이지 거의 모든 분야에 AI가 접목될 수 있다.

이는 AI 적용의 확장성을 의미하는 것이다. AI가 생활 곳곳에 스며드는 것으로, 이때 필연적으로 평가가 앞서거나 뒤따른다. AI가 적용될 수 있다, 없다, 얼마나 적용될 수 있는지, 어느 부분이 더 개발되어야 적용될 수 있는지, 언제쯤 상용화될 것인지에 대해 적용에 앞서 평가가 이루어진다. 적용 후에는 적용이 잘되었다, 잘못되었다, 편리하다, 불편하다, 보완할 점이 무엇이다 등등의 평가가 뒤따른다. AI가 거의 모든 분야에 적용될 수 있다면, 그 모든 분야에서 AI 적용 전 · 후로 이런 평가가 이루어질 것이다.

그래서 AI 적용의 범위가 확장됨에 따라 AI가 만들어질 때 못지않게 많은 평가가 이루어진다. 오히려 지금까지 존재했던 AI에 대한 평가보다 훨씬 더 많은 평가가 이루어질 것이다. AI가 적용될 분야가 매우 많고 또 AI의 발전에 따라 이미 적용된 분야에 다시 업그레이드가 이루어져야 하기 때문이다. 그때마다 평가가 동반된다. 한 연구(《The AI Index 2019 Annual Report》)에 따르면 AI의 발전 속도는 2012년 이전에는 무어의 법칙(Moore's Law)과 거의 비슷했는데, 그 이후 가속도가 붙어 지금은 3, 4개월에 두 배씩 늘어나고 있다고 한다(곽노필, 2024.6.29). 그렇다면 평가의 횟수나 속도도 더 증가할 것이다. AI 적용 확대는 그만큼 AI에 대한 평가가 더 많이 이루어진다는 것을 의미한다. 때로는 전혀 생각하지도 못한 분야에 AI를 접목하려는 시도를 하기도 하고, 그에 따른 업그레이드를 위한 평가도 역시 계속 이어질 것이다.

평가하는 AI

AI가 만들어지고 발전하고 진화하는 과정에서 AI가 주로 평가를 받았다면, 어느 시점에 이르러서는 AI가 일정 부분 평가의 주체가 될 것이다. 그 어느 시점이란 AI가 스스로 문제나 오류 없이 작동하게 되는 때다. 스스로 학습하며 판단하는 AI가 평가에 기반한 인공의 지능으로 작동하는 것이다.

AI가 평가를 시작한다면 AI는 평가 친화적이라는 수준을 넘어서게 된다. AI의 작동 자체가 평가이기 때문에 AI의 작동은 곧 평가 활동이 된다. 우리는 단순한 알고리즘의 작동으로 우리를 평가하는 무엇인가가 있다는 사실에 신기해하고 때로는 놀라워했지만[유튜브(Youtube)의 추천 영상이나 광고 등], AI는 우리를 그보다 더 신기하게 만들고 놀라게 할 수 있다. 어느 정도 예측이 가능하고 인간의 의도적 행위로 변경시킬 여지가 비교적 큰 알고리즘과는 달리, AI는 별도의 실체가 평가하는 것으로 느껴지기 때문이다. 인공지능이라는 개념 속에 머신 러닝(Machine Learning)과 딥 러닝(Deep Learning)이 자리잡으면서 이러한 느낌은 더 강해졌다. 물론 AI 역시 알고리즘을 가지고 있으나 스스로 학습과 판단을 하기 때문에 단순한 알고리즘과는 다르다. AI 기반 알고리즘이나 AI 알고리즘으로 불리는 상태는 단순 알고리즘과는 다르다. 그래서 별도의 실체가 평가하는 것처럼 느껴지기만 하는 것이 아니라, 우리 같은 인간이 아닐 뿐이지, 별도의 실체가 평가한다는 말이 결코 틀린 말도 아니다.

AI가 하는 평가는 AI의 수준에 따라 점점 증가하고 있다. 그러나 한편으로는 AI가 하는 평가가 더 전문적이고, 첨단화되어 있고, 객관적일 것이라는 우리의 믿음 때문에 그에 따라 AI가 하는 평가의 영역이 더 넓어지고 있는 것도 사실이다. 이 믿음은 AI에 대한 일종의 상상 권력이 작동한 결과이다(김민주, 2024). 중요한 것은 그 믿음의 사실 여부가 아니라 믿고 있다는 사실 그 자체이다. AI가 우리 인간에게 불러일으키는 이러한 상상은 우리에 대한 AI의 평가를 자연스럽게 받아들이도록 한다. 이처럼 평가를 받으며 만들어지고 적용되었던 AI가, 한편으로는 평가를 하면서 이미 평가에 친화적이고 익숙해져 있는 것이다.

참고문헌

과학기술정보통신부(2026.1.22. 시행). 「인공지능 발전과 신뢰 기반 조성 등에 관한 기본법」.

곽노필(2024.6.29). '무어의 법칙'보다 7배 빠르다, 질주하는 인공지능. 《한겨레》. https://www.hani.co.kr/arti/science/technology/922666.html

김민주(2024). 《AI 상상권력》. 커뮤니케이션북스.

대한민국정책브리핑(2024.4.4). AI 일상화에 올해 7100억 원 투입…AI로 건강관리·돌봄 등 지원. https://www.korea.kr/news/policyNewsView.do?newsId=148927861

이정아(2024). "주요국 인공지능(AI) R&D 전략과 추진 현황". 《The AI Report》. 한국지능정보사회진흥원.

Ryseff, J. et al.(2024). The root causes of failure for artificial intelligence projects and how they can succeed. RAND

Research Reports.
https://www.rand.org/pubs/research_reports/RRA2680-1.html

03
AI 친화적 평가

평가의 객관성은 언제나 강조된다. AI는 평가의 객관성을 향상하는 유용한 도구로서 각광받고 있다. AI가 접목된 평가가 객관성을 향상하리라는 기대는 평가가 AI에 더 친숙하게 다가가게 한다. 또 AI는 평가 기법과 방법의 정교성을 높일 것으로도 기대된다. 그런 점에서 평가는 AI에 친화적이다. 평가의 '전문적 권력성'도 평가가 AI를 적극적으로 적용하도록 고무한다. AI가 고도의 최첨단 전문성을 의미하는 것으로 여겨지기 때문이다. 따라서 평가는 AI에 친화적이다.

AI와 난임 극복?

평가의 객관성과 AI

평가는 객관적이어야 한다는 의견에 반대할 사람은 없다. 평가의 공정성이 곧 객관성을 의미할 정도로 평가에서 객관성은 불변의 진리로 여겨진다. 하지만 사실 인간이 하는 평가가 결코 객관적일 수 없다. 객관적으로 보이도록 이런저런 장치나 방법을 사용할 뿐이다. 그래서 차라리 평가가 주관적임을 솔직하게 인정하는 것이 어설픈 객관적 평가보다 더 객관적일 수 있다(김민주, 2016).

하지만 현실에서는 평가 관련 기관이나 사람(평가자)이 자신들의 평가가 주관적이었다고 절대 말하지 않는다. 주관적 평가가 이루어졌음을 솔직히 말하는 것은 평가가 잘못되었다는 것을 시인하는 내용으로 받아들여지기 때문이다. 그래서 비록 평가가 주관적으로 이루어졌다고 생각되더라도 겉으로 표현하지 않는다. 대신 그와는 반대로 평가가 객관적이었음을 보여 주기 위해 앞서 말한 이런저런 장치나 방법이 사용되었음을 계속 강조한다. 평가의 객관성을 높일 만한 새로운 장치나 방법이 있었다면 그것을 도입하여 평가하였다는 점을 더 부각하기도 한다. 블라인드 평가를 통해 피평가자의 배경에서 오는 객관적 평가의 결여 가능성을 없애기 위한 노력, 평가자에게 평가와 동시에 평가 점수를 입력하게 하여 평가 이후 평가자 간 논의에 따른 객관성 문제 발생을 최소화하기 위한 노력, 또 평가자별 주관성에서 오는 극단적 평가를 막기 위해 최고 · 최저 점수를 제외한 평가 점수 산정, 제3의 평가자에 의한 크로스 평가, 평가 전반의 객관성 등을 평가하는 평가 점검 절차 마련 등이 그 예에 해당한다. 지금도 평가의 객관성 확보를 위한 이런저런 장치와 방법이 개발되고 적용되고 있다.

이런 상황에서 AI는 평가의 객관성 향상의 유용한 도구로서 각광받게 되었다. AI에 의한 평가는 인간의 판단으로 평가하는 것이 아니기 때문에, 적어도 평가에서 인간의 주관성 문제는 해소될 것으로 기대된다. 특히 최첨단 기술이라는 점은 인간의 주관성으로부터 발생할 수 있는 오류를 줄일 수 있을 것으로도 기대된다. 이는 곧 평가의 객관성 향상을 의미하는 것으로 받아들여진다.

사실 AI가 평가한다고 해서 그 평가가 정말 객관적인가는 알 수 없다. 이런 기대는 최첨단 기술이나 고도의 전문 지식에 대한 막연한 기대감에서 비롯한 경우가 많다. 그 기대감은 단지 상상으로만 존재할 수도, 또는 신화일 수도, 그리고 근거 없는 믿음일 수도 있다. 그러나 인간은 그걸 알면서도 믿고 싶은 대로 믿는다.

그래서 AI는 평가가 강조하는 객관성 확보의 유용한

도구가 된다. AI 면접은 주관성에 흔들리는 면접관보다 더 객관적이고, AI 판결은 판사의 유동적인 법리 해석보다 더 객관적이며, AI 품질 테스트는 스스로 테스트 능력을 제고하며 계속 평가해 가기 때문에 역시 인간보다 더 정확하고 객관적인 결과를 낳는다고 생각한다. 실제로 기업에서 AI 면접 또는 AI 심의 등을 도입할 때, 도입의 이유 중 하나로 드는 것이 평가의 객관성 향상이다(성열휘, 2022.6.30; 박성은, 2024.11.13; 박종진, 2018.9.9). 평가의 객관성을 강조하면 할수록, 평가는 그 객관성을 담보해 줄 것으로 기대되는 AI에 다가간다. 따라서 평가의 객관성 강조로 인해 평가는 AI에 친화적이다.

평가의 방법론과 AI

어떻게 평가하는가에 따라 평가 결과의 수용도는 달라진다. 적절하지 못한 방법으로 평가했다면, 설사 평가의 취지와 목적에 동의해도 평가 결과에는 의문을 표하거나 수용하지 않게 된다. 어떻게 평가하는가는 평가의 질은 물론이고 평가 결과의 수용성, 그리고 평가 대상의 발전 및 개선과도 관련된다. 그동안 수많은 평가 기법과 방법이 개발되고 발전해 온 것도 그 때문이다.

그 결과 평가의 기법이나 방법이 매우 다양해졌다. 그

래서 어느 하나의 평가 방법이 옳고 그른 것이 아니라, 가장 적절한 것을 선택하여 평가에 적용한다. 여기서 말하는 적절한 평가 방법의 선택은 주로 평가 자료의 종류 및 수준, 평가를 할 수 있게 하는 가용 자원의 정도, 평가자의 역량 및 선호, 평가가 이루어지는 사회적 상황(시의성, 윤리성, 이데올로기 등) 등에 따라 판단된다. 이는 평가 방법을 선택하는 데 영향을 주는 일종의 변수들인 것이다. 그런데 변수는 상수와 달리 예측하기도 힘들고 제대로 고려하기도 힘들다. 또 모든 변수를 찾아내는 것도 쉽지 않다. 그래서 적절한 평가 기법이나 방법을 선택하는 것이 쉬운 일은 아니다. 단지 설득력 있는 설명으로 해당 평가 방법의 적절성을 설명할 뿐이다.

이런 상황에서 AI는 평가 방법의 정교성을 높일 것으로 기대를 모으고 있다. AI 기반 평가는 기존의 평가 방법 선택의 변수들을 모두 고려함은 물론이고 아직 변수로 고려되지 못한 것도 반영하고 또 스스로 학습하면서 현재 적용되는 평가 방법의 정교함을 더 높일 수 있을 것으로 기대된다. AI가 인간의 지능을 넘어설 것이기 때문에 그동안 인간의 한계로 인해 할 수 없었던 일을 해낼 것이라는 기대가 AI가 접목된 평가 활동에서도 나타날 것으로 보는 것이다. 실제로 2030년까지 딥 러닝 기반의 점진적인 기술 발전을 통해 예외적 능력을 지닌 AGI가 등장할 것이라고 전망하고 있는데, 이는 '숙련된 성인(skilled adults) 상위 1% 수준의 능력'에 해당하는 것이라고 한다(Shah et al., 2025). 불과 5년 후에 대한 예상이며, 그 이후에는 인간을 넘어선다는 예측도 가능하다. 그때의 AI는 인간에 의한 평가가 지닌 한계를 극복한 상태일 것이다. 그런 점에서 AI가 접목된 평가에 대한 기대는 평가가 AI에 더 친숙하게 다가가는 이유가 된다.

평가의 '전문적 권력'과 AI

평가는 권력성을 지니고 있다. 권력이란 A와 B 사이에서 A가 시키지 않았더라면 B가 하지 않았을 행동을 A가 시켰기 때문에 B가 그에 따랐다면 이때 A가 갖는 것이다(Dahl, 1957). 특히 A의 권력 행사가 성공적으로 이루어진다면 그 둘의 권력 관계는 더욱 명확히 드러난다. 평가는 이런 권력을 지닌다. 평가를 하는 사람이 권력자이고 평가를 받는 사람이 권력 대상자가 된다. 평가의 결과가 주는 영향의 정도가 크다면 그 권력 관계는 더욱 단단하다. 이처럼 평가는 기본적으로 권력 관계로 형성되어 있다. 서로 계층적 구조로 권력 관계를 형성하기도 하는데, 단순히 보자면 권력자로서 평가자와 권력 대상자로서 피평가자 간 권력 관계가 그 기본이다.

이러한 평가의 권력성은 AI를 적용하고 활용하는 데 적극적인 이유가 되기도 한다. 그것은 권력의 원천 중 하나가 바로 AI와 관련되기 때문이다. 권력은 원천에 따라 네 가지로 구분되는데, 전문적 권력(expert power), 보상적 권력(reward power), 강압적 권력(coercive power), 합법적 권력(legitimate power), 준거적 권력(reference power)이 그에 해당한다(French & Raven, 1959). 여기서 전문적 권력이 바로 AI와 관련된다. 현재 최첨단 고도의 전문성은 곧 AI다. 그래서 우리는 AI에 의해 전문성을 상상하기도 한다(김민주, 2024). 이처럼 AI는 전문성을 나타내는 것이기 때문에 평가에서 AI가 접목될 때 전문적 권력은 더 높아진다. 평가가 지닌 권력성에 전문성의 권력이 더해져 평가의 권력성이 더 강해지는 것이다. 권력적 속성을 지닌 평가는 권력성을 강화시킬 가능성을 그냥 지나치지 않는다. AI가 그 역할을 하기 때문에 평가는 이미 AI에 친숙하다. 평가 개선을 위해 AI를 활용할수록 더욱 그렇다.

참고문헌

김민주(2016). 《평가지배사회》. 커뮤니케이션북스.

김민주(2024). 《AI 상상권력》. 커뮤니케이션북스.

박성은(2024.11.13). SPC 파리바게뜨, AI로 예비 가맹점주 인터뷰…편의성·객관성↑. 《신아일보》. https://www.shinailbo.co.kr/news/articleView.html?idxno=1960679

박종진(2018.9.9). [이슈분석]AI 면접, 채용평가 객관성·신속성 확보. 《전자신문》. https://www.etnews.com/20180907000135

성열휘(2022.6.30). 현대차, 7월 신입사원 채용부터 'AI 면접' 도입. 《디지틀조선일보》. https://digitalchosun.dizzo.com/site/data/html_dir/2022/06/30/2022063080173.html

Dahl, R.(1957). The concept of power. *Behavioral Science*, 2(3), pp.201~215.

French, J. R. P. & Raven, B.(1959). The base of social power. In Cartwright, D.(Ed.), *Studies in social power*. University of Michigan Press.

Shah, R. et al.(2025). *An approach to technical AGI safety and security*. Google DeepMind.

04
AI와 평가자

평가지배사회에서 평가자는 권력, 권위, 위상을 지니지만 동시에 평가에 따른 부담감과 괴로움도 느낀다. 또 한편으로는 피평가자가 되기도 한다. 이는 AI 평가지배사회에서도 마찬가지다. 하지만 AI가 평가자에게 미치는 추가적인 영향도 존재한다. AI가 평가에 활용되면서 AI는 평가자의 새로운 권력 무기가 되고, AI는 평가자의 평가 수월성도 높인다. 그런가 하면 AI는 평가자에 대한 평가를 하기도 한다.

AI와 사주?

평가자의 기본 상황

평가지배사회에서 평가자는 평가 수행을 통해 존재를 드러낸다. 평가자에게 평가 수행이란 평가하는 행위다. 평가자는 평가 대상자를 평가하기 때문에 평가 대상자와 비교할 때 일종의 갑(甲)의 위치에 있다. 그래서 평가자에게는 권력이 있고, 위상과 권위가 뒤따른다. 중요한 평가일수록 평가자는 더 큰 힘을 지니게 된다.

하지만 평가자에게는 괴로움도 함께 존재한다. 남을 평가하는 일이 마냥 좋지만은 않다. 자신이 한 평가가 평가받는 사람의 일생에 영향을 미칠 수도 있기 때문이다. 혹시나 자신이 잘못 평가한 것은 아닌지 걱정되는 마음이 들기도 한다. 특히 사회적인 이슈가 된 사안에 대한 평가는 더욱 그렇다. 단적으로 대통령 탄핵 심판을 하는 재판관들은 자신들의 사회적 위신과 권위가 자랑스러울 수도 있지만, 한편으로는 자신들의 판단(평가) 결과가 미치는 영향에 대한 고려를 통해 막중한 책임감과 부담감을 느낄 수도 있다. 평가받는 사람처럼 평가하는 사람에게도 평가는 부담감을 안겨 준다.

또한 평가자가 언제나 평가자로만 존재하는 것은 아니다. 평가지배사회는 평가로 얽혀 있기 때문에 누구나 때로는 평가자가 되고 때로는 피평가자가 된다. 그래서 평가자는 평가자로서의 역할을 수행하면서 동시에 피평가자로서 평가를 받는다. 평가지배사회에서 크고 작은 평가 무대는 무수히 많다. 어느 무대인가에 따라 평가자가 되거나 피평가자가 된다.

따라서 평가지배사회에서 평가자는 권력, 권위, 위상을 지니면서 괴로움과 부담감도 함께 느끼는 갑의 위치에 있지만, 동시에 또 다른 평가 무대에서는 평가를 받는 을(乙)로서도 존재한다. 또 어떤 경우에는 한 무대 위에서 평가자이자 곧 피평가자이기도 하다.

AI 평가지배사회에서도 평가자의 이런 기본 상황은 변함없다. AI를 활용함으로써 새롭게 나타난 특징은 기존의 평가지배사회에서 보인 평가자 특징의 정도(degree)에 변화가 생기거나 또는 새로운 특징이 추가된 것이다. 그렇다면 평가지배사회에서 AI 평가지배사회로 이행하면서 평가자의 특징의 정도에는 어떤 변화가 생겼고 어떤 특징이 새롭게 추가되었을까? 이는 곧 AI가 평가자에게 어떤 영향을 주는가에 대한 것이다.

평가자의 새로운 권력 무기로서의 AI

권력을 지닌 평가자의 평가 행위 자체가 권력 행위다. AI가 평가자의 평가 행위에 활용되면서 평가 행위인 권력 행위에 영향을 주고 있다. 그 영향은 평가자의 권력성을 강화하는 것이다. 그래서 AI가 평가에 접목되면서 평가자에게는 AI라는 무기가 생기게 되었다. 권력은 상대방이 자신의 말에 순응할 때 더 강화되는데, 평가에 활용되는 AI가 바로 그 순응의 정도를 높이기 때문이다. 그렇다면 어떻게 AI가 평가자의 권력성, 즉 피평가자가 평가자에게 순응하는 정도를 더 높이게 된 것일까?

권력 행사에서 순응은 권력자와 권력 행위의 정당성 및 권위에 영향을 받는다. 권력 대상자는 정당하고 권위가 있는 권력자와 그의 권력 행사에 순응하는 것이다. 단순히 강압적이고 강제적이고 폭력적인 권력을 행사하는 권력자는 순간의 순응은 높일 수 있어도 오래 가지 못한다. 특히 현대 사회에서 더욱 그렇다. 그런 점에서 지금의 AI는 강압 · 강제 · 폭력이 아닌 형태로, 권력을 지닌 평가자의 정당성과 권위를 높이는 데 기여한다. 이는 AI의 과학성과 객관성에 따른 공정성 향상의 기대감 때문이다.

물론 실제로 AI가 공정성을 높이고 있는가에 대해서는 논쟁의 여지가 많다. 오히려 공정성을 높이기 위한 노력이 많다는 사실은(최재원, 2024), AI가 공정하지 못한 결과로 이끌 수도 있다는 것을 의미한다. 그럼에도 불구하고 AI는 최첨단 과학이고, 인간이 아닌 인공에 의해 이루어지기 때문에 평가에서 과학성이 높아지고, 학연·지연 등 주관적 요소도 사라지므로 객관적이며, 또 인간으로서 평가자가 지닌 정신적·심리적 제약도 없기 때문에 공정하리라고 기대된다. 그러나 실제로는 AI를 통한 면접 평가에서 탈락한 이들이 그 평가의 공정성을 더 낮게 여긴다. 이는 AI에 의한 평가에 대한 공정성의 기대가 높음을 의미하는 것이다(오세형, 2024). AI에 의한 평가가 공정하다고 기대하였는데, 탈락이라는 결과는 그 공정성이 구현되지 못하였기 때문이라고 생각하는 것이다. 이러한 공정성에 대한 기대는 믿음으로 바뀐다. 물론 이러한 기대와 믿음은 잘못된 학습 데이터에 의한 AI의 잘못된 판단이 없다는 전제에서 이루어진다(김길수, 2020). 결과적으로 잘못된 평가가 있을 수 있지만, AI를 활용하는 평가자에게는 AI의 긍정적 취지에 따른 기대가 먼저 주어진다. 특히 최첨단의 과학이면서 인간의 주관성이 배제되어 있다고 여겨지기 때문에 AI를 활용한 평가가 더 공정할 것이라는 기대를 하게 되는 것이다. 따라서 AI가 활용된 평가는 공정성을 높여 줄 것으로 기대되므로 AI를 활용하는 평가자는 그 정당성에 따라 권력성이 높아진다.

이와 함께 AI는 고도의 전문 영역이면서 어렵다는 인식이 평가자의 권력성을 높이기도 한다. 인간은 본인이 모르는 것을 알고 있는 사람을 대단하게 생각하는 경향이 있다. 어려운 영역일수록 특히 그렇다. 그 결과 본인이 모르는 것을 알고 있는 다른 사람의 권력이 높아진다. 우리가 흔히 경외한다고 말할 때는 그 대상이 잘 알려지지 않아 잘 모르기 때문에 신비롭게 여기는 경우가 많다. 특히 대중이 일종의 환상을 토대로 기대 심리를 지니고 있을 때 권력성은 더 높아지는데(Greene & Elffers, 1998/2009), AI는 그러한 환상을 부추길 수 있는 각종 다양한 형태의 상상을 불러일으킨다(김민주, 2024).

그런 AI를 평가자가 활용하거나 또는 AI 자체가 평가자라면 그 환상과 상상에 의해 권력도 커진다. AI에 대해서는 많은 이들이 알고 있지만 AI가 평가 영역에서 어떻게 작동하는지에 관해서는 전문 기술자가 아니면 거의 잘 모른다. 사실 이는 평가자도 마찬가지다. 하지만 피평가자가 바라볼 때 평가자들은 AI로 평가를 하는 이들이므로, 평가자가 평가에 활용되는 AI에 대해 실제로 얼마나 잘 알고 있는가의 여부와는 상관없이 평가에 활용되는 AI와 연관 지어 생각한다. 즉, 평가자가 나(피평가자)보다 더 AI에 익숙할 것이라거나 익숙하지 않더라도 어쨌든 AI를 운용하고 있으니 적어도 평가 영역의 AI에 대해서는 나보다 나을 것이라는 등의 생각을 한다는 것이다. 권력을 지닌 평가자에게 AI는 하나의 권력 무기가 된다.

평가자의 평가 수월성

평가자에게도 평가는 쉬운 일이 아니다. 평가를 할 만한 위치에 있는 사람이 평가자로서 평가를 수행하지만 그래도 평가가 쉽지 않은 데는 이유가 있다. 평가해야 할 항목에 변수가 많이 포함되어 있기 때문이다. 평가 항목의 개수가 한 개라고 해도 그 평가 항목에 여러 변수가 관련되는 경우가 많다.

예를 들어, 면접의 경우 평가자(면접 위원 등)가 전문성, 인성, 창의성이라는 각각의 평가 항목으로 면접 대상자를 평가한다고 하면, 이 중 전문성 항목만을 평가하기 위해서도 여러 평가 지표들을 다시 고려해야 한다. 이 평가 지표들은 전문성 항목을 측정하기 위한 것으로, 전문성과 관련한 여러 변수들에 대한 조작적 정의(operational definition)의 표현들로 이루어져 있다. 그런데 어떤 경우에는 전문성 항목을 평가하기 위한 평가 지표들이 다시 또 세부 지표들로 나누어져 있는 경우도 있다. 이는 평가 항목이 연쇄적으로 계층화한 모습으로, 결과적으로는 세부 평가 지표를 이해하여 그 상위에 있는 평가 지표들을 이해하고 그 평가 지표들로 이루어진 평가 항목인 전문성을 평가하는 것이다. 만일 전문성 항목 하나를 평가하기 위한 평가 지표가 두 개이고 각 평가 지표별 세부 평가 지표가 또 두 개씩이라면, 전문성 항목을 평가하기 위해 단순하게는 네 번의 평가를 하고, 평가 지표별 종합 평가를 또 한다면 총 여섯 번의 작은 평가들이 선행되어야 한다. 만일 전문성 항목의 평가 지표 수가 더 많다면 선행될 작은 평가의 수도 많게 된다. 그런데 사실 이는 단순히 평가 지표로 구분된 평가의 수일 뿐이지 각 지표별 평가를 할 때 명확한 판단이 되기 힘든 경우도 많기 때문에 여섯 번의 평가가 아니라 그 이상의 평가가 된다. 그래서 때로 어떤 평가자는 세부 평가 지표를 포함해 평가 지표들을 하나하나 고려하기 힘들 뿐 아니라 평가 전문가로서 스스로의 통찰력을 믿고 단 한 번의 감(느낌)으로 하나의 평가 항목을 일괄적으로 평가해 버리는 경우도 있다.

AI는 평가 항목 자체나 평가 항목 내 평가 지표 및 세부 평가 지표를 평가하는 데 활용할 수 있다. 이미 'AI 채용', 'AI 면접', 'AI 면접관'으로 불리는 여러 AI 활용 평가 프로그램이 이런 역할을 하고 있다. 꼬리를 무는 질문을 통한 평가나 면접 대상자가 사용하는 단어, 음성 등을 분석한 평가 등이 그렇다(이수정, 2023.6.2). 비록 사람과 사람의 상호작용에 따라 이루어지는 면까지 고려한다면 사람에 의한 평가를 완전 대체할 수는 없지만(김민주, 2022), 한정된 분야 내에서 AI에 의한 타당성 높은 평가 지표의 수는 더 늘어날 것이다.

이에 따라 평가자의 평가 수월성도 높아진다. 평가자는 평가에 따른 피로를 느끼는 인간이기 때문에 언제나 질 높은 평가를 하는 것이 아니다. 실제로 평가와 운을 분석한 연구들을 보면 평가받는 순서에 따라 평가자들의 평가가 달라지는 경우도 있고, 정말 우연에 의해 평가가 이루어지기도 한다(김민주, 2020). 그러나 AI를 활용함으로써 평가자의 부담을 낮춰서 평가자가 필수적인 평가에 집중하도록 할 수 있다. 이는 곧 평가자의 평가 수월성을 높이는 것이면서, 동시에 평가의 질을 높이는 것이기도 하다.

평가자에 대한 AI의 평가

평가자는 평가를 하는 동시에 평가를 받는다고도 했다. 이는 평가자도 인간이기에 또 다른 무대에서는 평가를 받는다는 의미도 있고, 또 평가자로서 평가를 받는다는 의미도 된다. 사실 이미 평가자는 평가자로서의 자격에 대해 평가를 받고 있다. 여기서 후자, 즉 평가자로서의 자격에 대한 평가는 AI의 등장으로 더 강화될 것이다.

그동안 평가 결과에 대한 불만이나 논란은 평가 제도로부터 기인한 것도 있지만 많은 경우 평가자에 관한 것이었다. 평가자가 평가를 제대로 했느냐에 관한 의문인 것이다. 시험 문제 출제 오류와 같은 문제 역시 검토 방법 등 제도나 시스템의 문제일 수도 있으나 결국은 평가자인 문제 출제자에게서 비롯한 것이다. 그래서 자격과 능력이 있는 적절한 평가자를 확보하기 위한 노력도 계속되고 있다.

AI는 평가자의 자격이나 역량 평가에 활용될 수 있다. 평가자를 평가하는 평가자 역시 또 다른 누군가가 그 자격을 평가해야 한다. 그러므로 이는 끊임없는 평가의 연속이 될 것이다. AI가 평가자의 자격을 평가하게 되면 그 끊임없는 연속을 어느 정도 한정할 수 있다. 사실 가장 좋은 방식은 평가자가 자신의 평가에 대해 솔직해지는 것이다. 자신의 평가가 주관성에 기초하고 오류를 내포하고 있음을 솔직하게 인정하는 평가자가 되는 것이다(김민주, 2016). 평가자의 솔직한 자기 평가는 스스로 자가 검열의 수준을 높이면서 동시에 평가에 신중함을 더하여 평가의 신뢰를 높일 수 있다. 하지만 현실에서 그런 평가자를 찾기란 쉽지 않다. 이때 AI가 그 역할을 할 수 있다. 이는 평가자의 AI 활용이 피평가자로부터 정당성을 인정받는 것처럼, 평가자 본인도 AI를 통해 평가받는 것에 대한 정당성에 동의할 가능성이 높기 때문이다.

참고문헌

김길수(2020). "인공지능의 신뢰에 관한 연구". 《한국자치행정학보》, 34(3), 21~41쪽.

김민주(2016). 《평가지배사회》. 커뮤니케이션북스.

김민주(2020). 《호모 이밸루쿠스: 평가지배사회를 살아가는 시험인간》. 지식의날개.

김민주(2022). 《면접지배사회에서 살아가기》. 윤성사.

김민주(2024). 《AI 상상권력》. 커뮤니케이션북스.

오세형(2024). "AI면접과 화상면접에 대한 지원자들의 반응 비교연구". 《인사조직연구》, 32(4), 75~102쪽.

이수정(2023.6.2). "AI면접관이 꼬리질문까지"…생활 스며든 '음성인식 기술'. 《뉴시스》. https://www.newsis.com/view/NISX20230531_0002323071

최재원(2024). "인공지능 공정성 동향 분석". 《AI OUTLOOK》, 17, 1~17쪽. 정보통신정책연구원.

Greene, R. & Elffers, J.(1998). *The 48 laws of power*. Viking Press. 안진환·이수경 옮김(2009). 《권력의 법칙》. 웅진지식하우스.

05
AI와 피평가자

평가를 받는 위치에 있는 피평가자는 평가가 시작되면 그 평가에 거의 전적으로 따르기 때문에 수동적이다. 이와 동시에 피평가자는 기꺼이 자발적으로 평가받기를 원하기도 한다. AI 평가지배사회에서는 AI의 활용으로 인해 피평가자의 이러한 수동성과 자발성의 정도가 더 가속화한다. 이때 피평가자는 AI로부터 평가를 받으면서 동시에 AI가 학습할 수 있도록 해 준다. 그리고 그 AI는 다시 피평가자를 평가한다. 여기에는 AI를 장착한 피평가자도 존재하고 있다.

AI와 아이돌?

피평가자의 수동성과 자발성

평가지배사회에서 피평가자는 평가를 받는 위치이기 때문에 흔히 수동적으로 여겨진다. 평가자의 평가에 그대로 따를 것이라고 생각되기 때문이다. 평가자와 피평가자 간의 관계를 고려하면 맞는 말이다. 평가자가 갑의 위치에서 행사하는 권력에 을의 위치에 있는 피평가자는 그대로 따르는 경우가 많다. 특히 평가가 시작되면 더욱 그렇다. 평가자에 의해 이루어지는 평가에 순응적으로 따르면서 평가자의 말 하나하나에 귀를 기울인다. 평가자가 평가한 결과가 피평가자에게 큰 변화를 줄 경우에 더욱 그렇다. 평가에 따라 등급이 부여되거나 상벌이 결정되면 피평가자는 평가자의 평가에 그대로 따르는 것이다.

따라서 피평가자가 평가에 수동적인 면을 보인다는 말은 맞는 말이다. 물론 평가 이후의 이의 제기나 피드백 제공, 그리고 평가 이전 평가 설계 단계에서는 평가가 이루어질 때와는 달리 피평가자의 수동성이 덜하다. 하지만 전반적으로 평가에서 피평가자는 평가자보다 수동적으로 여겨진다.

그러나 한편으로 피평가자는 자발적이기도 하다. 자발적이라는 것은 스스로 평가받기를 원한다는 것이다.

평가의 결과가 필요하기 때문에 더 적극적으로 평가를 원하는 것인데, 평가 결과에 따라 원하는 것을 얻을 수 있는 경우가 이에 해당한다. 다시 말해, 평가지배사회에서는 평가 결과로 원하는 것의 취득 여부를 결정할 때가 많아서, 피평가자가 기꺼이 평가받기를 원한다는 것이다.

예를 들어, 불시 검열 형태의 평가를 받는 것은 피평가자 입장에서는 상당히 힘든 일이다. 그런데 그 평가를 잘 받아서 정기 검열 형태의 평가보다 더 좋은 기회(예: 승진, 경제적 인센티브 등)가 생긴다면 때로는 불시 검열 형태의 평가를 기다리게 된다. 그래서 평가를 즐기면서 기다리는 사람도 있다(김민주, 2020). 실제로 승진을 하고 싶은 사람이나 꼭 해야만 하는 사람은 평가를 기다린다. 또 자격증을 통해 자신의 역량을 검증해 보이려는 사람, 지난번 시험에서 좋지 않은 성적을 받은 학생이 성적 만회를 위해 다음 시험을 기다리는 경우, 높은 성과급을 받기 위해 우수 기관 선정 평가를 기다리는 직원, 개발된 상품이 고객으로부터 좋은 반응이 나오기를 기다리는 등, 사실 평가를 받기 위한 피평가자의 적극적인 모습은 평가지배사회에서 꽤 많이 목격된다. 평가를 받기 싫어하는 마음과는 별개로 적극적으로 평가를 받으려는 피평가자가 많다는 것이다. 이는 우리가 평가를 통해 많은 것을 인정받고 실현하는 평가지배사회에서 살아가고 있기 때문이다. 이것이 평가지배사회의 현실이다. 자발적으로 평가를 받아야 평가지배사회에서 살아갈 수 있는 것이다.

그러나 이처럼 피평가자가 스스로 평가받기를 원하는 것은, 사실 사회가 구조적으로 그렇게 (스스로 평가받기를 원하도록) 고무한 결과라고도 볼 수 있다. 평가지배사회에서 피평가자는 어쩔 수 없이 평가를 받을 수밖에 없기 때문에 자발적인 모습을 보이는 것이지, 그들의 내면적 자발성은 아닐 수 있다는 것이다. 그런 점에서 평가지배사회가 피평가자에게 미치는 자발적 평가 수용은 상당히 정교한 것이다. 평가가 지배하는 세상에서 피평가자가 평가에 수긍하고 순응하는 것을 넘어 스스로 평가받기를 원하는 상황이야말로 가장 손쉽게 평가지배사회를 만들고 유지해 나가는 길이기 때문이다.

이처럼 피평가자는 수동적이기도 하고 자발적이기도 하다. 그런데 AI는 이런 피평가자를 평가에 더 수동적이게 하고 더 자발적으로 만든다.

AI와 수동성과 자발성의 가속

AI가 피평가자를 더 수동적이게 하거나 더 자발적으로 만드는 이유는 피평가자가 AI에 대해 잘 모르는 동시에 또 잘 알기 때문이다. 잘 모르는 동시에 잘 안다는 말은 모순적인 표현이지만 가능하다.

AI에 대해 잘 모른다는 것은 AI의 구조나 작동의 구체적인 메커니즘을 모른다는 의미다. 많은 사람들이 AI가 인공지능인 것은 알지만 어떤 구조로 어떻게 작동하며 구현되는지 또 어떤 방식에 따라 이용할 수 있는지에 대해 잘 모른다. 그냥 복잡하고 난해한 최첨단의 과학 기술로 만들어진 인간 지능과 비슷하거나 인간 지능을 넘어서는 인공의 지능이라는 개념만 아는 것이다. 이는 마치 우리가 자동차가 굴러가는 구체적인 원리를 몰라도 누구나 쉽게 자동차를 운전할 수는 있는 것과 같다. 컴퓨터의 복잡한 작동 방식을 몰라도 버튼 누르기나 마우스 클릭으로 컴퓨터를 손쉽게 사용할 수 있는 것과도 같다는 말이다. 이는 인터페이스만 알면 어떻게 작동하는지 전혀 몰라도 쉽게 사용할 수 있게 하는 객체 지향 프로그래밍의 캡슐화(encapsulation) 방식 때문이다. 복삽한 기술과 데이터는 밖으로 드러나지 않게 캡슐로 보호되고, 사용자는 간단한 인터페이스로 그 캡슐만을 사용하는 것이다. AI에 대해서도 마찬가지이다.

그래서 우리는 AI를 사용은 하되 잘 모르는 상태에서 사용하면서 대신 상상을 하게 된다. 그 상상에는 AI 사용에 따르는 첨단 기술에 의한 전문성 등이 존재한다(김민주, 2024). 피평가자는 AI에 대해 잘 모르지만 복잡한 기술로 이루어진 AI가 사용된 평가는 전문성이 더 강화된 것으로 인식한다. 평가받는 입장에서는 나를 평가하는 주체의 전문성이 평가의 권위를 더하는 것으로 여겨진다. 따라서 AI에 의한 평가가 피평가자에게 평가의 전문성 향상을 인식하게 해 줌으로써 평가자의 권력을 높이고 피평가자는 그에 따르는 순응을 강화한다. 권력의 원천 중 하나가 전문성이기 때문이다(French & Raven, 1959). 이와 함께 AI의 과학성과 객관성의 이미지는 인간의 주관성에 의하지 않은 것이기 때문에 인간보다 적어도 객관성 면에서는 더 공정할 것이라는 기대감을 주어 평가에 더 수동적으로 따르게 한다. 무엇보다도 AI 평가지배사회에서도 평가 결과가 주는 영향력이 크다면 평가에 거의 저항 없이 따르게 된다. AI의 전문성과 공정성 등에 대한 기대감은 평가 결과의 영향력이 주는 이러한 변함없는 높은 순응도를 가속화한다.

AI에 대해 잘 모르는 피평가자는 동시에 AI에 대해 잘 알고 있기도 하다. 이때 잘 안다는 것은 AI가 인간의 지능을 닮았고 언젠가는 인간 지능을 넘어설 인공의 지능이라는 개념을 안다는 것을 의미한다. 그리고 그로부터 도래할 각종 변화를 함께 인지하고 있음을 말한다. 결국 AI의 개념과 그 파장 및 효과에 대한 앎인데, 이로써 AI가 어떤 것인지 아는 것이 된다. 한마디로 무시하지 못할 변화를 야기할 최첨단 기술이라는 점을 잘 안다는 것이다. 이는 캡슐화된 기술에서 캡슐 속이 아닌 캡슐의 겉만 이해하면 사용자로서는 모두 이해한 것이 된다는 생각에서 비롯한 것이다. 그래서 AI가 어떤 것인지 알게 된 피평가자는 평가를 위해 도움을 받을 수만 있다면 그것을 기꺼이 활용하려 한다. AI를 활용한 모의 평가, AI 평가 컨설팅, AI 예측, 평가 결과에 대한 AI 분석 등을 자발적으로 하는 것이다. AI 시대에는 AI를 통해 평가가 이루어지기 때문에 AI로 평가를 준비하거나 평가받는 것은 당연하므로 그렇게 스스로 '선택하도록 된' 것이다. 사회 각 분야에서 이미 AI가 대세이고 AI가 붐이고 AI 열풍이다. 심지어 도메인은 물론이고 사람 이름에까지 'AI'라는 문자가 포함되는 것을 선호하는 시대다(조형수, 2024.7.2). 이런 상황에서 스스로 원하는 것이란, 스스로 원할 수밖에 없는 결과인 것이다.

AI를 활용해야 위신이 서고 미래를 고려하는 사람이라고 여겨지기 때문에(김민주, 2024) 스스로 그렇게 선택하는 것이다. 이처럼 스스로 선택했다는 인식이 주는 지각된 자유감(perceived freedom)은 피평가자의 자발성을 더 높인다. 인간은 스스로 선택하게 되면, 실제로는 그렇지 않더라도 스스로 선택했다는 인식으로 인해 자유로움을 느껴 더 적극적으로 임하는 경향이 있다. 비록 외적 동기라고 해도 스스로 선택한 것이라면 내적 동기에 의한 것처럼 행동하기 때문이다. 이처럼 AI에 대해 잘 알기 때문에 적극적인 대응을 하면서 마치 스스로 선택한 것으로 보이는 자발성이 높아진다.

피평가자와 AI의 학습

피평가자는 AI를 학습시킨다. 다시 말해, AI는 피평가자를 평가하지만 동시에 피평가자로부터 학습을 한다. 이는 AI의 속성에서 비롯한다. AI는 단순히 평가하는 데 그치는 것이 아니라 그 평가 과정을 스스로의 성능 향상을 위해 학습한다. 어쩌면 현재 수준의 AI 시대에서 AI를 활용한 평가의 목적은, 피평가자의 평가보다는 그 평가를 통해 AI의 성능이나 능력을 향상하는 데 더 초점을 두고 있을지도 모른다. 이는 2016년에 있었던 이세돌 9단과

구글(Google) 딥마인드(DeepMind)사의 바둑 인공지능 프로그램인 알파고(AlphaGo)와의 바둑 대국의 목적과도 같다. 구글 딥마인드사에서 이세돌 9단에게 굳이 우승 상금뿐 아니라 1국 승리할 때마다 승리 수당까지 주면서 대국을 제안한 이유는 단 한 가지다. 가장 바둑을 잘 두는 사람을 통해 AI인 알파고의 능력을 높이기 위해서다. 이세돌 9단은 알파고의 학습 자료를 제공한 것이었다. AI의 평가를 받은 피평가자들도 AI 평가 프로그램에 학습 자료를 제공해 준다.

이러한 상황에서 AI의 자가 평가도 함께 목격된다. AI가 피평가자로부터 학습을 한다는 것은 피평가자의 평가 결과를 내는 과정에서 AI도 스스로 평가함으로써 학습하기 때문이다. 그런 점에서 보면 피평가자는 의도치 않게 AI를 평가하는 상황이 된다. 물론 이를 두고 피평가자의 AI 평가라고는 할 수는 없다. 다만, 피평가자가 AI의 자가 평가를 이끌어 내는 역할을 한 것임은 분명하다.

따라서 AI에 의한 평가는 피평가자와 순환적 상호 관계를 맺고 있다. AI는 피평가자를 평가하고, 그 결과에 기초한 자가 평가를 학습한 결과를 반영하여 또 피평가자를 평가하고, 다시 그 결과는 AI의 자가 평가와 학습으로 이어져 다시 피평가자를 평가하는 순환이 계속된다.

그렇다면 이러한 순환 관계는 어떤 결말로 이어질까?

분명한 사실은 이러한 순환 관계를 통해 평가자로서 AI 혹은 평가에 활용되는 AI의 피평가자에 대한 평가 능력이나 성능은 향상될 것이라는 점이다. 어떤 방향으로의 향상인지는 예측할 수 없지만, 그 주도성은 피평가자에게 있는 것이 아니라 AI 평가자에게 있다. 피평가자는 을의 위치이고 평가에서 수동적인 면이 강하며 또 자발적으로 임하는 면도 강하기 때문이다. 따라서 피평가자와 AI 평가자 간 순환적 상호 관계의 결말을 전부는 알 수 없어도, 학습 자료를 제공하는 피평가자보다 AI 평가자의 주도성이 높아질 것이라는 예측은 할 수 있다.

AI 피평가자

그렇다고 피평가자가 완전히 가만히 있는 것은 아니다. 평가에 수동적이면서도 또 자발적으로 임하기도 하고 AI 평가자의 주도성에 순응하는 모습을 보여도, 피평가자가 자신이 활용할 수 있는 AI를 그대로 보고만 있지는 않는다. 피평가자 역시 AI를 적극 활용한다. 이들은 AI 피평가자다.

어쩌면 평가에 절실한 피평가자가 AI 활용에 더 적극적일지도 모른다. 평가 결과가 주는 영향이 클수록 더 그렇다. 사실 소소한 개인적 평가나 비공식적인 평가를 제외한 각종 공식적인 평가만을 두고 본다면, 이 세상에는 평가자보다 피평가자가 더 많다. 그렇기 때문에 AI에 대한 관심의 양이나 활용의 정도는 피평가자에게서 더 많이 목격된다.

단적으로 대학가에서 학생들은 이미 AI를 많이 활용하고 있다. AI로 수업 과제나 보고서를 작성하고, 심지어 대리 시험까지 이루어진 사례도 있다(이승우, 2023.3.29; 정시행, 2023.12.4). 물론 학생들에게 AI를 적극적으로 가르치는 곳도 대학이다. 잘못된 AI 활용은 문제이지만, 중요한 것은 피평가자 역시 AI를 장착하여 AI에 의한 평가에 대비하고 있다는 점이다.

그런 점에서 보면 AI 평가지배사회에서 평가자나 피평가자는 모두 AI를 장착하여 대응 관계를 형성하고 있는 형국이다. 물론 기본적인 관계는 평가자와 피평가자 간의 권력 관계다. AI는 그 관계에서 각각의 역할에 맞는 기여를 할 것이다.

참고문헌

김민주(2020). 《호모 이밸루쿠스: 평가지배사회를 살아가는 시험 인간》. 지식의날개.

김민주(2024). 《AI 상상권력》. 커뮤니케이션북스.

이승우(2023.3.29). [단독]연세대 '챗GPT 대필의심' 과제 0점 처리… "작문 과제, 필기로 전환". 《동아일보》. https://www.donga.com/news/Society/article/all/20230328/118566463/1

정시행(2023.12.4). "AI 챗봇, 대리시험 봐줄래"… 美교수·교사들 새 커닝법에 골머리. 《조선일보》. https://www.chosun.com/international/us/2022/12/29/SWYFP66T65C6ZBQGOI7464BB6U/

조형주(2024.7.2). 이름도 AI가 대세?…"미국서 'ai'로 끝나는 이름 뜬다". 《AI포스트》. https://www.aipostkorea.com/news/articleView.html?idxno=2661

French, J. R. P. & Raven, B.(1959). The base of aocial power. In Cartwright, D.(Ed.). *Studies in social power*. University of Michigan Press.

06
AI와 평가 매개자

평가자의 평가 행위를 대행하는 평가 매개자의 시장은 점점 확대되어 가고 있다. 이 시장에서 평가 매개자는 전문성을 강조하며 평가를 대행할 기회를 찾는다. 이때 AI가 활용된다. 평가 매개자의 AI 활용은 평가를 위임할 평가자에게 평가의 과학성을 인식하도록 하는 효과도 지니고 있다. AI 평가지배사회에서는 사람이나 기관으로서 평가 매개자가 AI를 활용한 평가 방법을 사용할 뿐 아니라, 평가 매개자 자체가 AI이기도 하다. 즉 AI 평가 매개자인 것이다.

AI와 야구?

평가 매개자들의 시장

평가 매개는 평가자와 피평가자 사이에서 평가 행위에 참여하는 활동 중 하나다. 주로 평가자의 평가 행위를 대행하는 형태로 평가에 참여하는 활동에 해당한다. 이러한 평가 매개를 하는 이들이 평가 매개자다. 평가 매개자는 평가자로서 권위를 공식적으로 위임받기 때문에, 평가 매개자와 피평가자의 관계는 평가자와 피평가자 간의 관계와 동일하다. 흔히 평가가 평가자와 피평가자 간의 직접적인 관계 형성에 의해서만 이루어지는 것으로 알고 있으나, 현실에서는 평가 매개자가 존재하는 경우가 적지 않다. 이는 곧 평가 매개자의 수가 적지 않다는 의미이기도 하다.

평가 매개자들은 평가 매개를 위한 시장에서 활동하고 있다. 평가 매개자의 활동에는 평가자의 활동이 전제된 것이다. 다시 말해 평가를 맡길 평가자가 있어야 평가 대행을 할 평가 매개자가 존재하는 것이다. 따라서 평가 매개자들은 평가자들과 거래하는 시장에서 평가를 대행할 기회를 찾고 있다.

이 시장은 우리가 흔히 말하는 누구나 참여 가능한 시장과는 다소 다르다. 무엇보다도 평가 매개자로서 시장에 참여할 수 있는 주체가 될 수 있는 자격이 있어야 한다. 그래서 누구나 시장에 참여할 수 있는 것이 아니다. 평가를 위임받아 평가할 만한 검증된 사람이어야 한다. 평가를 할 만한 자격이 되어야 한다는 것인데, 그 자격은 학위나 전문성 보유 그리고 기술력 등을 뒷받침해 주는 것들이다. 그런 점에서 평가 매개자도 사실은 평가를 통해 검증된 이들이며, 이들만 이 시장에 참여할 수 있다.

이런 평가 매개자들의 시장은 어느 정도 규모일까? 각종 정부 평가를 대행하는 경우에 한정하여 그에 참여하는 이들의 범위만 보더라도 대략적인 정도를 예상할 수 있다. 정부 평가를 대행하는 데 참여하는 이들로는 국·공립 연구원 및 연구소, 공공 기관 및 공공 단체, 민간단체, 대학, 학회 및 협회, 전문가 그룹, 전문가 개인 등이 있다. 이들이 정부의 각종 평가를 대행하는데, 어쩌면 정부가 하는 거의 모든 평가를 정부의 특정 부처가 직접 하기보다는 여기서 열거한 이들이 대행한다.

예를 들어, 주무 부서가 행정안전부인 상하수도 지방공기업 평가를 실시할 때 이 평가를 행정안전부가 직접 하는 것이 아니라 각 시도의 적절한 연구원(주로 시도 소속의 연구원) 등에 위임한다. 경기도로 예를 들면 경기연구원이 이를 대행하는 것이다. 즉 경기연구원이 평가 매개자가 된다. 그런데 이를 다시 자세히 살펴보면, 경기연구원 자체 인력이 평가자가 되어 각 지방자치단체의 상하수도 지방공기업을 평가하는 것이 아니라 외부의 전문가들을 평가자로 위촉해 평가단을 구성하고 이들이 평가하도록 한다. 결국 외부의 전문가가 평가자가 되어 평가하는 것이다. 그래서 경기연구원이 1차 평가 매개자이고 외부의 전문가가 다시 2차 평가 매개자가 되어 공식적으로 평가를 위임받아 평가를 진행하게 된다.

이는 정부 평가 사례에 한정된 것이고, 또 그중에서도 상하수도 지방공기업 평가에 한정된 것이며, 또 그중에서도 경기도 상하수도 지방공기업 평가에 한정된 것이므로, 그 이외의 사례들을 모두 고려하면 평가 매개가 이루어지는 시장은 상당하다. 모든 경우가 정부 조달의 형태는 아니지만, 정부 조달 시장에서 평가나 심사 및 심의를 대행할 주체를 찾는 것도 이러한 시장의 하나이므로 그 시장의 규모가 작지 않음을 알 수 있다.

평가 매개 시장에서는 다양한 방식으로 평가 매개자가 선정된다. 입찰을 통해 평가 매개자를 선정하기도 하고, 공개 모집에 따른 심사와 심의를 통해 선정하기도 하고, 추천이나 의뢰를 통해 이루어지기도 한다. 평가 매개자가 평가하는 평가에서 공정한 평가는 공정한 평가 매개자 선정에서부터 시작된다. 잘못 선정된 평가 매개자는 평가의 신뢰를 무너뜨릴 수 있다. 정부의 평가 과정에서 나타나는 문제를 자세히 들여다보면 그 원인은 주로 평가 매개자의 문제였음을 알 수 있다. 물론 그렇다고 하더라도 그 문제에 대한 책임은 해당 평가 매개자를 평가 대행으로 위임한 당초 평가자에게 있다. 그래서 평가 매개자들의 시장에서 평가자는 평가 매개자를 제대로 선정하기 위해 노력한다. 평가의 공정성에 대한 기대가 높아지는 상황에서 평가자의 평가 업무 중 하나는 시장에서 평가 매개자를 잘 선정하는 것이 되었다.

이와 같이 평가지배사회에서 평가 매개자들은 평가자로서 중요한 역할을 하며 평가의 핵심적인 축을 맡고 있다. 따라서 그들이 형성하는 시장도 평가가 이 사회를 지배하는 정도에 따라 점점 확대되고 있다.

평가 매개자의 AI 장치

평가 매개자들은 평가자로부터 평가를 위임받아 대행할 수 있는 기회를 갖기를 원한다. 그것이 그들의 존재 이유이기 때문이다. 그래서 이들은 평가자에게 매력적으로 보이기 위해 노력한다. 쉽게 말해 평가를 맡아서 잘 수행할 수 있다는 점을 어필하는 것이다.

평가 매개자들이 선보이는 매력은 다양하다. 대표적

으로 평가에 대한 전문성, 평가 수행의 성실성, 평가 대행 비용의 적절한 사용 등을 강조한다. 이 중에서 특히 평가를 수행할 수 있는 역량과 기술을 충분히 지니고 있다는 점을 강조함으로써 전문성을 가장 많이 부각하는데, 이는 평가가 전문성에 기반하여 이루어지기 때문이다. 앞서 살펴본 바와 같이 평가 매개자들의 시장은 보통의 시장과는 달리 일정한 자격을 지닌 이들이 참여한다는 점에서 전문성이 기초가 되어야 함을 알 수 있다. 그럼에도 불구하고 이들끼리 평가 대행을 맡기 위한 경쟁을 하면서, 각자의 전문성을 더 강조하고 부각하는 것이다.

그래서 많은 평가 매개자들은 전문성을 강조하기 위해 과거 평가 경력은 물론이고 평가를 수행할 인력의 우수성, 그리고 전문성을 높여 줄 평가 방법 및 기법의 적용 계획 등을 제시한다. 평가 경력이나 평가 인력의 우수성이 시간의 축적에 따른 평가 전문 역량의 안정성을 보여 주는 것이라면, 평가 방법이나 기법은 고도의 기술적 전문성 기반의 과학적 평가가 가능함을 보여 주는 데 활용된다. 그런 점에서 평가 매개자에게 AI는 바로 이 지점에서 활용되는 장치다.

평가 매개자가 고도의 첨단 전문성을 지닌 AI를 활용

하여 평가할 것이라고 하면, 평가를 맡길 평가자 입장에서는 그렇지 않은 경우보다 더 과학적으로 평가가 시행될 것이라는 기대를 하게 된다. 그래서 평가 매개자는 항상 평가 및 분석 방법의 트렌드를 학습하여 그 누구보다도 더 빨리 실제 평가에 적용하려고 한다. 그래야 시장에서 거래가 성사될 가능성이 높아지기 때문이다. 이는 혁신확산이론(Diffusion of Innovation Theory)에서 말하는 혁신자(Innovators)나 아니면 적어도 초기 수용자(Early Adopters)에 해당할 정도다(Rogers, 1962).

AI를 평가 방법으로 장착한 평가 매개자는 평가자에게 두 가지 신호를 보낸다. 하나는 고도의 최첨단 기술력인 AI를 활용하여 평가하기 때문에 기존의 평가 방법과는 다를 뿐 아니라 더 정확하고 과학적이라는 신호다. 다른 하나는 바로 그러한 AI 활용 평가 방법을 적용할 수 있는 능력을 지닌 평가 매개자라는 신호다. 이 신호가 평가를 위임할 평가자에게 유독 매력적일 수 있는 이유는, 피평가자에 대하여 평가의 권위와 정당성을 높이는 데도 기여할 것이라는 기대 때문이다. 피평가자에게도 AI를 활용한 평가가 고도의 첨단 기술에 의한 평가이면서 바로 그러한 평가를 할 수 있는 이가 자신들을 평가한다는 인상을 준다. 이처럼 평가 매개자가 가진 AI 장치는 평가자로부터 평가 대행 권한을 위임받는 데 유리하게 작용하고, 동시에 피평가자를 평가할 때도 과학적이고 전문적이라는 인상을 준다.

AI 평가 매개자

평가 매개자는 AI를 평가 방법으로 활용하지만, 때로는 사람이나 기관으로서 평가 매개자가 아닌 AI 자체가 평가 매개자가 될 수도 있다. 이것이 바로 AI 평가 매개자인 것이다. AI 평가 매개자는 사실 AI 평가자로 불릴 수 있다. 피평가자 입장에서는 위임에 의한 평가자로서 평가 매개자도 곧 평가자이기 때문이다.

지금의 AI 평가 매개자는 단순 평가부터 시작하고 있다. 일정하게 고정된 매뉴얼에 따른 평가나 윤리적인 판단이 적게 작용하는 평가, 누적된 경험 자료가 많을수록 판단의 적절성이 높아지는 평가, 이중 확인이나 참조용 평가 등에서 사용되고 있다. 이런 AI 평가 매개자는 오픈 소스 AI의 증가로 다방면에서 활용되고 있다. 특히 개인의 사소한 평가도 오픈 소스 AI를 통해 이루어지기도 한다. 심지어 오픈 소스 AI 모델의 성능과 수준이 오픈 소스 AI 모델이 아닌 모델보다 오히려 더 앞서기도 하고 또 계속 발전하고 있기 때문에(조수아, 2025.4.15; 정우태,

2025.4.15), AI 평가 매개자는 더 많아질 것이다. 이는 곧 AI 평가자가 많아지는 것과 같다.

따라서 AI 평가지배사회에서 평가 매개자는 세 갈래로 구분될 수 있다. 기존의 인간 중심의 평가 매개자, AI를 활용하는 인간 중심의 평가 매개자, AI 자체로 존재하는 AI 평가 매개자가 그것이다. 물론 평가의 신뢰성과 타당성을 위해 세 갈래의 평가 매개자들이 혼용되는 경우도 많겠지만, 분명한 것은 AI 평가 매개자의 경쟁력이 더 높아질 것이라는 점이다. 가격 경쟁력, 즉 주로 오픈 소스 AI를 활용할 경우 사용 비용이 매우 저렴하여 그에 따른 경쟁력이 좋아질 것이고, 또 시간이 지남에 따라 성능(평가 역량)의 경쟁력도 좋아질 것이다. 그리고 각종 위험 분야의 평가도 거리낌 없이 할 수 있어 평가 접근성의 경쟁력도 높아질 것이다. 따라서 AI 평가 매개자가 평가자 또는 AI 평가자의 많은 몫을 담당하게 될 것이다.

참고문헌

정우태(2025.4.15). 오픈 AI 신형 인공지능 모델 'GPT-4.1' 공개. 《매일신문》.
https://www.imaeil.com/page/view/2025041510202483845

조수아(2025.4.15). 1등 'IQ 128'…지능 지수 제일 높은 AI는?. 《한경비즈니스》.

https://magazine.hankyung.com/business/article/202504152712b

Rogers, E. M.(1962). *Diffusion of innovations*. Free Press of Glencoe.

07
AI와 평가 결과

누구나 좋은 평가 결과를 기대한다. 그러나 평가자, 피평가자, 평가 매개자에게 좋은 평가 결과가 의미하는 바는 모두 다르다. 다만 공통적인 점은 모두 각자의 좋은 평가 결과를 위해 노력한다는 점이다. AI 시대에 AI는 그 노력의 일환으로 적극 활용되고 있다. 평가자의 주관성 최소화, 피평가자의 평가 대비를 위한 AI 활용 등이 그 예다. 하지만 아직까지는 AI 활용이 반드시 좋은 평가 결과를 보장한다고 할 수는 없다.

AI와 윤동주?

좋은 평가 결과의 다양성

피평가자라면 누구나 좋은 평가 결과를 기대한다. 평가자가 평가 과정에 충실히 임하는 것도 좋은 평가 결과를 위한 일이다. 좋은 평가 결과는 후속되는 또 다른 좋은 결과를 낳는다. 좋은 시험 성적은 시험 합격, 자격증 획득, 승진, 선발, 임용 등의 결과로 이어진다.

평가자도 역시 좋은 평가 결과를 기대한다. 여기서 좋은 평가 결과의 의미는 두 가지로 구분할 수 있다. 하나는 평가자가 아무 문제 없이 피평가자를 평가했다는 것이고, 다른 하나는 평가자가 평가를 올바르게 잘했다고 제3의 주체로부터 평가받는 것이다. 전자는 평가자가 피평가자를 평가할 때 판단되는 것이고, 후자는 평가자가 그의 평가 행위에 대해 또 다른 평가자로부터 평가받을 때 나타난다.

따라서 좋은 평가 결과는 어느 하나의 평가 결과를 두고 말하는 것이 아니다. 누구의 관점인가 그리고 평가의 대상이 무엇인가에 따라 다르다. 그러므로 하나의 평가를 두고도 결과가 좋은지의 여부는 상황과 조건에 따라 다르다.

평가 결과가 다양한 만큼 평가 결과에 만족하는 정도도 다르다. 평가자가 피평가자를 아무 문제 없이 잘 평가하여 좋은 평가 결과를 낳았다고 해도 그 결과가 피평가자에게는 좋지 않은 평가 결과일 수 있다. 하나의 평가 행위에 평가자, 피평가자, 그리고 평가 매개자의 만족도가 저마다 다를 수 있다. 모두가 만족하는 평가가 없는 이유이기도 하다.

따라서 평가에서 모두에게 좋은 평가 결과를 도출하는 것은 쉽지 않다. 비록 평가자와 평가 매개자가 만족한다고 해도, 가치 판단을 통해 인지적 차별성을 부여하는 것이 바로 평가이기 때문에, 피평가자 중에는 좋은 평가 결과가 아니라서 만족하지 않는 경우가 발생할 수밖에 없다. 그럼에도 불구하고 좋은 평가를 위해 평가자, 피평가자, 평가 매개자 등 모두가 노력하고 있다.

좋은 평가 결과와 AI

평가에서 AI를 활용하는 것도 좋은 평가 결과를 위한 방편 중 하나이다. 평가자는 평가를 할 때 잘못된 평가가 되지 않도록, 즉 평가자 입장에서 볼 때 좋은 평가 결과를 위해 AI를 활용한다. AI를 활용함으로써 피평가자를 평가할 때 생길 수 있는 문제(편견, 왜곡, 실수 등)를 최소화하려고 하고, 또 제3자가 평가자의 평가를 평가할 때 AI 활용을 통해 문제없이 평가가 잘 이루어졌음을 보여 주기도 한다.

이처럼 평가자의 AI 활용은 무엇보다도 인간의 주관성을 차단하여 좋은 평가 결과를 도출할 수 있다는 기대에서 비롯한다. AI는 인간이 아닌 인공이기 때문에 주관적 정보 차단에 유리한 면이 있음은 분명하다. 교사가 피평가자인 학생에 대한 정보를 많이 알고 있으면 정서적 유대감이 형성되어 시험 채점 결과에 영향을 줄 수 있듯이(이지회 외, 2020), 특히 평가자에게 전달될 수도 있는 피평가자에 대한 주관적 정보의 차단은 중요하다. 각종 블라인드 평가, 피평가자와 관련한 평가자의 회피 제도 등도 그래서 등장한 것이다. AI는 블라인드 평가나 관련자 회피 제도로도 막지 못하는 인간의 주관적 정보 개입을 막는 데 활용할 수 있다. 평가 자체를 AI가 진행하여 피평가자와 평가자 사이에 아무런 관계가 생기지 않도록 하거나, 또는 평가자의 언어나 감정 및 태도 등을 분석하여 주관적 정보에 의한 평가 실시 여부를 검토하여 조치를 취하는 것이다.

피평가자 역시 AI를 활용한다. 피평가자 중에는 평가 결과는 물론이고 평가 자체에 대해 만족보다 불만을 지니는 경우가 더 많다. 한 예로 직장인을 대상으로 인사평가 만족도에 관해 설문 조사한 결과를 보면, 열 명 중

여덟 명은 평가 결과의 영향(불만)으로 이직을 고려할 정도라고 했다(박진영, 2024.2.21). 다양한 이유로 피평가자는 평가 결과나 평가 자체에 대해 만족스러워하지 않지만, 중요한 것은 그럼에도 불구하고 일단 좋은 평가 결과를 받으려 한다는 점이다.

피평가자가 좋은 평가 결과를 받았다면 설사 평가 과정이 만족스럽지 못했다고 하더라도 해당 평가에 만족하는 정도가 낮지는 않다. 좋은 평가 결과를 받은 평가에 대해 만족하지 않는다고 말한다면, 좋은 평가 결과를 받은 그 평가의 신뢰도를 스스로 낮추는 일이 되기 때문이다. 설사 평가 과정이 마음에 들지 않고 매끄럽지 않아도 좋은 평가 결과에 대해서는 굳이 불만족을 표하지 않는다. 그래서 평가나 평가 결과에 대한 만족 정도를 떠나, 일단 피평가자는 좋은 평가 결과를 받기 위해 도움이 될 만한 것을 활용하는데, AI도 그중 하나가 된다. AI 시대로 불리는 세상에서 피평가자도 좋은 평가 결과를 위해 AI를 활용하는 것이다. 이미 시작된 평가라면, 비록 평가가 마음에 들지 않아도 참여할 수밖에 없고 따라서 일단 좋은 평가를 받는 것이 우선이다. 이는 을의 위치인 피평가자의 현실이다.

피평가자가 좋은 평가를 받기 위해 AI를 활용한 예로,

AI를 평가에 대한 정보 습득이나 학습 및 평가 대비 도구로 활용한 경우가 있다. 특히 AI 모의 면접 등 AI를 활용한 모의 평가가 대표적이다. AI 모의 평가 프로그램이나 제도 및 시스템은 사설 기관은 물론이고 대학, 지방자치단체, 중앙정부 등에서도 무료로 이용할 수 있게 지원하고 있을 정도로 널리 사용되고 있다. 취업 관련 평가에 한정된 사례만 봐도 설문 조사 응답자의 39.6%가 AI 취업 준비 서비스를 이용한다고 하였는데, 특히 20대는 69.9%가 AI 서비스를 이용하고 있다고 하였다. 30대(57.2%)와 40대(42.1%)도 적지 않게 AI를 활용하여 평가에 대비하고 있는 것으로 나타났다(이현주, 2025.3.26).

그리고 시험을 앞둔 피평가자들이 개개인의 학습 수준에 맞추어서 시험을 준비할 수 있도록 하는 AI 학습 진단 프로그램 등도 존재한다. 이 역시 좋은 평가를 받기 위해 피평가자가 AI 기반의 학습 도구를 사용한 사례다. 현재 우리나라 정부에서도 이와 관련한 서비스를 직접 제공하고 있는데, 초·중·고등학교 학생 대상 AI 기반 자기 주도 학습 지원 시스템인 '인공지능 단추 플러스'가 그에 해당한다(대한민국정책브리핑, 2025.3.17). 이처럼 피평가자는 좋은 평가 결과를 얻기 위해 AI를 적극 활용하여 준비하고 있다.

AI 활용 평가 결과에 대한 시선

AI를 활용한 평가가 좋은 결과로 이어질 것이라는 보장은 없다. 평가자도 그렇고 피평가자도 그렇다. 평가 매개자 역시 평가자로부터 평가를 할 수 있는 권한 위임을 받기 위해 AI를 적극 활용하지만, 그것이 좋은 평가 결과를 보장하는 것은 아님을 알고 있다. 아직까지는 그 누구도 평가에서 AI 활용을 만능으로 여기지는 않고 있다.

오히려 AI가 주는 첨단 과학성과 공정성 등의 이미지와는 별개로 평가 결과가 좋을 것이라는 확실성은 더 낮은 경우가 많다. 한 예로, 동일한 미술 작품에 대해 인간이 창작했다는 정보가 제시된 경우와 AI가 창작했다는 정보가 제시된 경우에, 해당 작품의 창의성 평가에 차이가 존재하는가에 대해 조사한 결과에 따르면, 전자 즉 인간에 의해 창작되었다는 정보가 제공된 경우에 더 창의적이라고 평가되었다(정태현 · 신형덕, 2021). 채용 과정에서도 AI에 의해 평가한 결과 자체를 불편하게 여기는 경우도 적지 않은 것(71%)으로 나타난 조사 결과도 존재한다(한휘연, 2023.4.27). 물론 평가 영역에 따라 다르겠지만, 대체로 평가를 위한 보조 장치로서 AI가 활용되는 것이 아직까지의 경향이다. 취업을 준비할 때 AI를 활용하는 이유에 대한 응답에서도 64.7%가 시간과 비용의 절약과 같은 평가 준비의 효율성 측면을 가장 높게 들고 있다(이현주, 2025.3.26).

따라서 평가에서 AI를 활용하여 도출하는 결과에 대한 시선은 어느 하나로 확고하게 자리 잡고 있지 않다. '역시 AI, 그래도 아직은 인간'이라는 마음이 더 강하게 자리 잡고 있다. 이는 평가 결과를 위한 AI 활용이 더 많아질 것이라는 예상을 하도록 한다. 물론 확고하지는 않은 시선으로 계속 더 활용될 것을 의미한다. '역시 AI' 이기 때문에 더 많이 활용할 것이고, 동시에 '그래도 아직 인간'이라는 마음을 극복하기 위한 발전된 AI 테스트도 계속될 것이므로, 앞으로 더 많이 활용되리라는 예상을 하게 된다.

참고문헌

대한민국정책브리핑(2025.3.17). AI로 학습 진단·평가까지…'AI 단추 플러스' 무료 서비스 개통.
https://www.korea.kr/news/policyNewsView.do?newsId=148940620&pWise=sub&pWiseSub=C1

박진영(2024.2.21). 충격적인 잡코리아의 조사결과…직장인 10명 중 8명 인사평가에 불만 품고 '이직 고민'. 《뉴스투데이》.
https://www.news2day.co.kr/article/20240221500146

이지회 외(2020). "학생 정보 유형에 따른 국어교사의 쓰기 채점의 차이". 《학습자중심교과교육학회지》, 20(5), 1047~1066쪽.

이현주(2025.3.26). 구직자 10명 중 4명 "AI 취업 서비스 활용". 《아시아타임즈》.
https://www.asiatime.co.kr/article/20250326500075
정태현·신형덕(2021). "창작자 정보가 미술품의 창의성 평가에 미치는 영향: 인공지능과 인간 창작자의 비교". 《한국HCI학회논문지》, 16(4), 25~31쪽.
한휘연(2023.4.27). "왜 나를 판단해?" 美 71% AI의 채용 여부 결정에 반대. 《뉴시스》.
https://www.newsis.com/view/NISX20230427_0002283198

08
AI와 평가에 대한 평가

평가에 대한 평가는 평가에 대한 만족과 신뢰도를 높이기 위한 것이다. 이 과정에도 AI가 활용된다. 인간이 시행한 평가를 평가하기 위해 AI가 사용되기도 하고, AI가 시행한 평가를 인간이나 또 다른 AI가 평가할 수도 있다. 여기서 특히 AI의 평가를 또 다른 AI가 평가하는 것은 AI 평가에 대한 AI의 평가가 된다. 이 경우는 AI 자체에 대한 인간의 신뢰가 높을 때 효과적일 수 있다.

AI와 한의학?

평가에 대한 평가의 이유

평가는 단 한 번으로 끝나지 않는다. 단 한 번의 평가로 보이는 것도 여러 번의 평가를 거친 경우가 많다. 평가지배사회는 단순히 평가가 많다는 의미가 아니다. 여러 평가가 얽히고설키며 존재하기도 하고, 평가에 다시 평가가 이루어지고, 그 평가는 또 다른 평가의 기초가 되어 그 평가 결과로 의사 결정이 이루어지는 등 평가의 다층적, 연쇄적, 반복적 현상을 모두 포함하고 있는 것이 평가지배사회의 특징이다. 평가는 또 다른 평가의 시작이고 그 평가는 역시 또 다른 평가를 위한 것이기 때문에 평가에는 끝이 없다. 중요한 평가일수록 평가는 여러 번 이루어진다.

평가가 많이 이루어지는 이런 상황에서 모두가 만족하는 평가는 존재하기 어렵다. 그렇다고 해서 모두가 불만족해하는 평가로 남아서도 안 된다. 설사 모두가 만족하지는 못해도 모두가 만족할 수 있는 평가가 되도록 노력을 해야 한다. 평가지배사회에서 평가가 이토록 많이 이루어지는 데는 사실 역설적인 부분이 있다. 처음부터 평가가 많아서 평가지배사회로 나아간 면도 있지만, 평가의 만족이나 신뢰를 높이기 위한 노력의 일환으로 평가에 평가를 추가하다 보니 결과적으로 평가가 많이 이루어지게 된 것이다.

따라서 평가의 창(窓)으로 이 사회를 바라볼 때 평가가 많다는 사실, 특히 굳이 평가에 평가를 더하는 데는 이유가 있다. 바로 평가의 만족과 신뢰를 높이기 위한 것이다. 어떤 평가자가 자신을 평가했을 때 그 평가자는 평가를 할 만한 사람이어야 한다. 그런데 그 평가자가 평가를 할 만한 사람이라는 것은 또 어떻게 보장할 수 있을까? 그것은 그 평가자에 대한 사전 평가를 통해 검증할 수 있다. 동시에 그 평가자의 평가 행위나 평가 결과에 대해서도 검증할 수 있다. 물론 이 과정이 그 평가자가 수행한 평가 행위에 대한 만족도를 높이고 평가의 신뢰도를 높인다고 장담할 수는 없어도, 그렇게 하지 않는 것보다는 더 낫다. 평가자뿐 아니라 평가 자체에 대해서도 마찬가지다. 어떤 평가가 존재한다면 그 평가는 최소한 평가로서 정당성을 지니고 있어야 한다. 즉, 평가의 정당성이 존재하는지, 그리고 평가의 유용성이 존재하는지, 평가로서 방법과 범위 등이 적절한지에 대한 검토가 필요하다. 이 검토는 일종의 평가다. 현실에서도 평가 사전 점검, 평가자 사전 검증, 평가성 평가(evaluability assessment), 메타 평가(meta evaluation), 재평가 등을 하는 이유가 바로 그 때문이다.

그런 점에서 볼 때 평가에 대한 평가 등 평가 전후에 이루어지는 각종 평가를 단순히 옥상옥(屋上屋)으로만 치부할 것은 아니다. 평가에 대한 평가의 결과가 주는 유용함도 있지만, 평가에 대한 평가가 이루어진다는 장치의 존재는 그 자체로도 효과를 발휘하기 때문이다. 평가자 입장에서는 본인도 피평가자가 된다는 인식을 통해 평가에 신중하게 되고, 피평가자는 자신을 평가하는 이도 검증을 거친다는 사실로 말미암아 평가를 더 신뢰하게 된다. 너무 많은 평가와 그 평가의 영향이 사회를 지배하고 있지만 평가 자체에 대한 검토 및 검증 행위를 없앨 수는 없다. 대신, 많은 평가 중에서 필요성에 따라 그 정도를 계속 정리하고 조정하는 것이 중요하다.

평가에 대한 평가와 AI

평가 전후에 이루어지는 평가에 대한 평가에도 AI는 활용된다. 그리고 AI가 평가한 평가를 또 다른 AI나 혹은 인간이 평가하기도 한다. 다시 말해, 인간이 평가한 것에 대한 평가를 위해 AI가 사용되기도 하고, AI가 평가한 것에 대해 또 다른 평가가 이루어지기도 한다.

전자의 경우 AI는 기존 평가의 보조 장치 및 평가의 효율성 향상을 위한 장치로서 기능한다. 평가나 평가자의 적절성에 대해 주관성을 지닌 또 다른 인간이 평가하기보다는 AI를 통해 검토하게 하는 것이다. 이런 형태는 다양한 분야에서 활용할 수 있는데, 인간 행위를 판단하고 평가하는 법 분야에서도 활용될 정도다. 실제로 기존 법에 대한 검토 및 개정도 AI를 통해 이루어지는 사례가 등장하고 있다(현윤경, 2025.4.21).

후자에 해당하는 AI가 평가한 것에 대한 평가는 그 주체가 인간이 될 수도 있고 또 다른 AI가 될 수도 있다. 인간이 주체가 되는 경우는 주로 AI 개발 및 발전 과정에서 자주 목격된다. 특히 평가 영역에서 AI의 활용이 얼마나 효과적인지에 대해 테스트하는 경우 등이 그에 해당한다. 그리고 비단 개발을 위한 테스트가 아니더라도 AI가 본 평가를 담당하고 그에 대한 이차적 평가 및 확인 평가 또는 AI가 할 수 없는 부분에 대한 평가를 위해 시행되기도 한다. 또 AI가 평가한 내용의 전부를 평가하는 것이 아니라 AI가 평가하기에 어려운 지점을 검토하고 이에 대한 평가를 하는 경우도 있다. AI의 안전성을 위한 평가 등이 그에 해당한다. 일례로 우리나라 국세청은 AI를 통해 납세 정도를 평가하여 환급 서비스 등을 수행하는데, 이때 AI가 미칠 수 있는 영향(안전성)을 별도의 평가를 통해 확인(인증)한다(이지안, 2025.4.22).

사실, 평가에 대한 평가에서 AI가 활용되는 것은 평가에 AI가 활용되는 현상 속에 이미 그 가능성이 내재되어 있는 것이다. 평가지배사회의 다층적, 연쇄적, 반복적 평가 현상은 곧 AI 평가지배사회에서의 AI를 활용한 다층적, 연쇄적, 반복적 평가 현상과 다를 바 없기 때문이다. 그렇기 때문에 AI는 평가의 어느 지점에서 평가에 대한 평가에 활용될 수 있다. 그럼에도 불구하고 여기서 한 가지 눈여겨볼 평가에 대한 평가가 있다. AI가 평가한 것을 또 다른 AI가 평가하는 경우다.

AI 평가에 대한 AI의 평가

AI가 평가한 것을 또 다른 AI가 평가하는 것은 평가에 대한 평가에서 인간이 참여하지 않는 형태다. 이 역시 평가에 대한 신뢰성 확보 차원에서 AI를 활용하는 형태이기 때문에 AI 평가지배사회에서는 자연스러운 모습이다.

그런데 이 경우는 AI 자체에 대한 인간의 신뢰가 높아야만 효과적일 수 있다. 만일 AI가 어떤 인간에 대한 평가를 하고 AI가 평가한 그 평가를 다시 또 다른 AI가 한다면, 인간에 대한 평가와 그 평가의 적절성은 오로지 스스로 학습하고 판단하는 AI에 의해 이루어지는 것이다. 오류가 없는 AI라면 인간의 주관성이 개입되지 않은 평가라 불릴 것이다. 그러나 지금의 AI를 인간이 얼마나 신뢰하고 있을까? 그리고 설사 시간이 흐른 뒤 AI가 인간을 뛰어넘을 정도의 지능을 지니게 된다고 하더라도 그 AI가 평가 과정에서 부정행위를 하지 않는다고 확신할 수 있을까?

AI에 의한 각종 부정적인 사례, 부정적인 미래 예측, 그리고 그에 따른 부정적 상상들은 지금도 많이 목격할 수 있다(김민주, 2024). 그래서 AI의 평가에 대한 AI의 평가가 존재하더라도, 이에 대한 인간의 평가를 추가하고 있다. 아직은 AI의 평가를 AI가 전적으로 평가하도록 두지 않는다. AI의 전면적 도입에서 중요한 전제는 AI에 대한 신뢰다. 단순히 믿는 것이 신뢰가 아니라 기술적 구현을 통해 신뢰성을 확보해야 하는데, 아직은 해결되지 않은 과제다(한상기, 2021).

AI 평가지배사회에서 AI의 평가와 그 평가 전후에 대한 평가를 AI가 할 가능성이 높고 또 그런 모습이 자연스러워질 수도 있겠지만, 아직은 도래하지 않은 미래다. 단, 평가에 대한 평가는 평가의 존속을 위해 필요하므로 그 시기가 생각보다 빨리 올 수도 있다. 이는 AI에 대한 신뢰 확보가 AI 발전 속도만큼이나 중요하게 다루어져야 할 이유이기도 하다.

참고문헌

김민주(2024). 《AI 상상권력》. 커뮤니케이션북스.

이지안(2025.4.22). 국세청, 국민이 안심할 수 있는 AI인증 받았다. 《매일경제》. https://www.mk.co.kr/news/economy/11298230

한상기(2021). 《신뢰할 수 있는 인공지능》. 클라우드나인.

현윤경(2025.4.21). AI로 법 만드는 시대…UAE '인공지능 입법부' 세계 첫 도입. 《연합뉴스》. https://www.yna.co.kr/view/AKR20250421075000009

09
AI 평가지배사회의 인간:
AI 호모 이밸루쿠스

평가지배사회를 살아가는 호모 이밸루쿠스는 사회가 변하면 그에 따라 사회와 서로 영향을 주고받으며 함께 변한다. 이들은 일상에서는 물론이고 변곡점이 될 정도의 사회 변화 속에서도 평가하고 평가받으며 살아간다. 그것이 쌓여 역사가 된다. 지금의 사회 변화는 AI에 의한 변화다. 호모 이밸루쿠스가 이런 사회 변화 속에서 평가하며 만드는 역사는 기존과는 다르다. 명명되는 바도 다르다. 이들은 AI 호모 이밸루쿠스로 불린다.

AI와 화장품?

호모 이밸루쿠스와 사회 변화, 그리고 역사

호모 이밸루쿠스는 평가지배사회에서 살아가는 인간을 지칭한다(김민주, 2020). 크고 작은 평가 속에서 살아가는 거의 대부분의 사람들이 호모 이밸루쿠스다. 호모 이밸루쿠스는 사회 속에서 존재하기 때문에, 사회와 상호작용하며 살아간다. 따라서 사회가 변하면 그에 따라 사회와 호모 이밸루쿠스는 서로 영향을 주고받으며 함께 변한다.

평가의 창으로 사회 변화를 바라보면, 그동안 평가와 관련한 많은 변화가 있어 왔고, 호모 이밸루쿠스도 그에 적응해 왔다. 특히 경쟁 사회가 심화할수록 호모 이밸루쿠스는 그 본연의 정체성을 더 강화해 왔다. 경쟁과 평가는 서로 잘 부합하기 때문이다. 누구나 평가의 굴레 아래 있지만 경쟁 사회 속 호모 이밸루쿠스는 평가에 기초한 경쟁과 잘 어울린다. 물론 잘 부합하거나 잘 어울리다는 것이 호모 이밸루쿠스의 만족 정도나 행복의 정도 등을 지칭하는 것은 아니다. 성향이 잘 맞는다는 의미다.

사실 사회 변화는 예측 불가능한 경우가 많다. 또 예상한 변화라고 해도 미리 대비하지 않았거나 대비하였다고 하여도 역시 부족한 부분이 발견되기도 한다. 이런 사회 변화에 대한 호모 이밸루쿠스의 첫 번째 반응은 평가 행위로 나타난다. 사회 변화 자체를 평가하기 때문이다. 감당할 수 있는 수준의 변화인가 그렇지 않은가, 적응할 수 있는 변화인가 그렇지 않은가, 변화에 대응하기 위해서 어떤 무기가 필요한가 등, 이들의 첫 번째 반응은 평가 행위다. 어떤 호모 이밸루쿠스는 감당하고 적응하고 어떤 무기를 장착하기도 하지만 그렇지 못하고 주저앉거나 힘들어하는 호모 이밸루쿠스도 있다. 분명한 것은 모든 호모 이밸루쿠스들은 사회 변화에 대해 우선 평가를 한다는 점이다. 사회 변화와 호모 이밸루쿠스 간의 상호작용은 거의 모든 경우에 이렇게 시작한다.

호모 이밸루쿠스의 사회 변화에 대한 평가는 변화를 맞이한 이후에도 계속된다. 오히려 그 변화에 대해 더 많은 평가를 한다. 어떻게 감당하고 적응했는지, 그리고 적절하게 감당하고 적응했는지, 아니면 감당하고 적응하지 못했는데 왜 그랬던 것인지 등등을 평가한다. 그러한 사회 변화가 발생한 후 시간이 꽤 많이 흐르면 호모 이밸루쿠스의 평가는 역사가 된다. 비단 유명한 학자의 평가가 아니더라도 각자 경험한 사회 변화에 대한 평가도 역시 개인의 역사가 된다. 역사는 누군가의 선택에 의한 것이고, 역사가들의 해석이고, 과거와 현재의 대화이고, 과거의 사실과 현재의 역사가의 대화라는 말은 모두 평가에 의한 것이다(Carr, 1987/2015).

따라서 사회 속에서 살아가는 호모 이밸루쿠스는 일상은 물론이고 변곡점이 될 정도의 사회 변화 속에서도 평가하며 살아간다. 그리고 그것들이 쌓여 개인의 역사가 되기도 하고 공식적인 사회 역사가 되기도 한다. 현재의 사회 변화도 후대에는 호모 이밸루쿠스들의 평가에 의해 규정될 것이다.

호모 이밸루쿠스와 AI 물결

AI는 마치 물결과도 같다. 갑자기 밀려와서 모든 것을 적시는 물결처럼 AI라는 말과 합성된 모든 것이 통용되는 시대가 되었다. 지금의 사회 변화는 AI의 물결과 그 영향으로 표현할 수 있다.

AI의 물결이 평가 영역에 스며들 때 호모 이밸루쿠스 역시 그 변화를 먼저 평가한다. 그리고 동시에 평가받는 위치에 있기도 하다. 거창한 평가가 아니더라도 나름의 평가를 하고 평가를 받는다. AI에 의한 편리함은 물론이고 위협이 되는 영향까지 다양한 평가를 하고 그 평가의 대상자로서 체감하는 것이다. 한 예로 AI가 인간의 일자리에 위협이 될 수 있다는 수많은 정보는 평가자로서 호모 이밸루쿠스들의 평가이면서 동시에 호모 이밸루쿠스

자신의 직업과 관련하여 피평가자가 된다.

이를 조금 더 자세히 보면, 사실 AI에 의한 이런 사회 변화는 기존의 여느 변화와는 다르다. 역사로서 자리 잡고 있는 기존의 주요 사회 변화도 인간에게 저마다 큰 영향을 주었다. 역사로 인식되고 있다는 자체가 그 영향을 말해 준다. 그런데 AI에 의한 변화는 인간에게 영향을 준다는 표현보다 인간을 대체한다거나 인간처럼 된다거나 인간을 뛰어넘는다는 표현이 더 잘 어울린다. 단순히 사회 변화로서 영향을 주는 것과는 다르다. 인간 지능에 대응하는 변화이기 때문에 지능을 지닌 인간이 하는 일에 대한 영향이 가장 먼저 논의되고, 그래서 인간의 일자리나 직업을 '대체'하는 등에 관한 논의가 유독 많은 것이다.

호모 이밸루쿠스가 이런 사회 변화에 대해 평가하며 만드는 역사도 기존과는 조금 다를 수 있다. 먼 훗날 지금의 사회 변화를 바라볼 때, 이 사회 변화를 인간이 평가한 것인지 아니면 인간의 지능을 뛰어넘은 AI가 한 것인지 불분명할 수 있다. 어쩌면 지금의 사회 변화가 역사인지 아닌지에 관한 논의 자체가 AI에 의해 이루어질 수도 있다. 인간이 뒷전으로 밀려 있지 않을 거라는 보장도 없다. 물론 아직은 가정적 상황들이지만, 분명한 것은 지금 AI가 몰고 온 물결에 의한 변화에 직면하여 평가하고 평가받는 호모 이밸루쿠스는 과거와는 다른 변화임을 체감하고 있다는 점이다.

AI 호모 이밸루쿠스로 명명(命名)

그런데 한편으로는 과거와는 다른 이 변화도 지금 생각하는 과거의 일반적인 변화 정도로 치부될 수 있다. AI에 의한 지금의 사회 변화를 능가하는 무엇인가가 또 등장할 수 있기 때문이다. 이는 우리가 지금의 AI가 몰고 온 변화를 불과 얼마 전까지만 해도 예상할 수 없었던 것과 같다. AI가 사회 변화의 끝이라고 확신할 수 없다. 불확실한 사회에서 가장 확실한 한 가지는 미래는 불확실하다는 사실이다. 지금의 AI 물결이 과거의 여느 물결처럼 여겨질 수도 있다. 알 수 없다는 것만이 확실하다.

그럼에도 불구하고 AI가 야기하는 불확실성의 결과가 무엇인지에 관한 그 가능성들을 만드는 이는 결국 지금의 호모 이밸루쿠스와 먼 미래의 호모 이밸루쿠스들이다. 이들의 평가가 역사가 되기 때문이다. 이들은 사회 변화로서 AI를 진지하게 고민하고 평가하며 체감한 이들이다. 물론 AI를 거부하며 사는 호모 이밸루쿠스도 있을 것이다. 그러나 그들 역시 AI를 두고 고민하고 평가한 결과에 따른 것이다. 따라서 비록 불확실한 사회가 되어 어떤 역사로 기록될지는 모르지만, 그 내용에서 역사의 행위자로 호모 이밸루쿠스는 여전히 있을 것이다.

다만, 이들은 AI가 몰고 온 사회 변화가 결코 적지 않다는 점에서 그 전의 호모 이밸루쿠스와는 다르게 불릴 수도 있다. 그것은 'AI 호모 이밸루쿠스'다. 이미 평가지배사회가 아닌 AI 평가지배사회가 시작되었기에 AI 호모 이밸루쿠스로 불리는 것이 전혀 어색하지 않다. 어떤 언어를 사용하는가에 따라 사고하고 바라보는 것이 다르다. 언어가 곧 그 사람의 한계이기도 하다(루트비히 비트겐슈타인, 2008). 이제는 호모 이밸루쿠스만으로는 인식할 수 없는 세상이 되었다. 지금도 그렇고 먼 미래의 역사의 한 페이지에 기록될 이들은, AI 호모 이밸루쿠스로 불리는 것이 더 정확하다. 물론 어느 시점에서는 AI 호모 이밸루쿠스라는 용어가 다 담지 못하는 한계가 발견될 수도 있다. 그때 또 다른 용어로 그 시점의 변화를 평가하며 또 다른 역사가 쓰일 것이다. 지금은 AI 호모 이밸루쿠스로 불리는 것이 적합한 시대다.

참고문헌

김민주(2020). 《호모 이밸루쿠스: 평가지배사회를 살아가는 시험 인간》. 지식의날개.
루트비히 비트겐슈타인(2008). 《논리철학논고/철학탐구/반철학적 단장》. 김양순 옮김. 동서문화사.
Carr, E. H.(1987). *What is history?*(2nd ed.). Penguin UK. 김택현 옮김(2015). 《역사란 무엇인가》. 까치.

10
AI 평가지배사회 이후

현재 진행 중인 AI 평가지배사회는 AI 내러티브라는 강력한 동력에 의해 앞으로도 계속 진행될 것이다. 그렇지만 어떻게 진행될지에 대해서는 불확실하다. 그래서 AI 평가지배사회의 미래는 예상할 수 없다고 전제해야 하며, 그에 대한 대비로 AI와 평가에 관한 기본 역량을 길러야 한다. AI 평가지배사회 이후에는 AI와는 완전히 다른 그 무엇의 평가지배사회가 될 수도 있다.

종교와 AI?

AI 평가지배사회의 동력: AI 내러티브

AI 평가지배사회는 현재 진행형이다. 평가지배사회에서 AI 평가지배사회로 진입한 후 자리 잡기를 계속하고 있다. 이는 평가지배사회가 자리 잡은 것과는 다르다. 평가지배사회에서는 평가자, 피평가자, 평가 매개자가 모두 인간이었다. 하지만 AI 평가지배사회에서는 AI라는 인공의 지능이 그들과 함께 작동한다. 때로는 함께가 아니라 독립적으로 작동할 수도 있다. 이는 단순히 평가자와 피평가자 그리고 평가 매개자가 AI를 활용한다는 사실에서 더 나아가 AI 자체가 하나의 지능으로서 자율성을 지닌 주체로 행위할 수 있다는 의미다.

평가 영역이 아니더라도 AI는 사회 전반에 적용되고 있고 또 별도의 지능으로서 그 가능성을 개발하고 검토하고 검증하고 있다. 동시에 그 모든 상황에서 나타날 수 있는 부작용 등에 대해서도 경계하고 있다. 따라서 자리 잡아 가고 있는 AI 평가지배사회가 어떻게 무르익을 것인지 알 수 없다. 다만, 분명한 것은 AI가 우리 사회에서 강력한 내러티브를 형성했다는 점이다. 어떻게 될지는 알 수 없지만 AI 평가지배사회가 계속 진행될 동력으로서 내러티브는 존재한다는 것이다.

내러티브는 이야기, 말, 서사 등을 의미하는 말이지만

경제 현상 등 사회 현상과 결합되면 그 영향력이 적지 않다. 집단 경제 내러티브(Collective Economic Narrative)가 그 예에 해당한다. 이는 집단 내 상호작용을 통해 형성된 내러티브로, 집단 구성원 사이에 공유된 경험과 믿음에 기반해 특정 경제적 사건이나 현상을 이해하는 틀로서 기능한다. 집단 내 구성원들이 그들의 경험, 신념, 믿음, 관점, 가치 체계를 공유하면서 특정 내러티브에 공감대를 형성할 때 그 내러티브는 반복적으로 공유되고 강화되며 나아가 그로부터 집단의 정체성을 형성하기도 한다. 이에 따르면 경제는 끊임없이 변화하고 적응하는 동적인 시스템이다(곽승욱, 2025.3.24). 실제로 우리 사회의 다양한 경제 현상들이 내러티브에 따라 요동치며 변화했던 사례가 많았다(Shiller, 2019/2021).

AI는 이미 우리 사회의 다양한 내러티브의 대상이자 소재가 되었다. 그리고 AI는 자신들의 내러티브를 만들어 낼 정도가 되었다. 그렇게 본다면 우리는 AI에 대한 경험, 신념, 믿음, 관점, 가치 체계를 공유하며 공감대를 형성하면서 AI 관련 여러 내러티브를 강화해 가고 있는 것이다. 이는 AI와 관련한 옳고 그름, 긍정과 부정, 규범적 판단 등과는 상관없다. AI 관련 내러티브가 사회 전반에 형성되었다는 점이 핵심이다. 따라서 AI 평가지배사회는 AI 내러티브라는 강력한 동력에 의해 계속 진행될 것이다.

예상할 수 없다는 예상과 미래 대비

AI가 어떻게 발전할 것인가에 대한 논의는 다양하다. 그 논의가 하나로 정리되어 있지는 않지만, 대략 네 가지로 정리된 AI 기술 발전 시나리오를 살펴볼 수 있다. AI의 기술 발전은 지금까지 발전한 정도에 머물 것이라는 예상, 앞으로 점진적으로 발전할 것이라는 예상, 또 기하급수적으로 발전할 것이라는 예상, AI가 하나의 신으로 자리매김할 정도가 될 것이라는 예상이다(Mollick, 2024/2025). 현재 우리 사회의 AI 내러티브에 기초해서 본다면 적어도 첫 번째 이상의 시나리오가 부합하지 않을까 생각된다. 하지만 그럼에도 불구하고 그 역시 장담할 수 없을 정도로 알 수 없다는 것이 답일지도 모른다. 미래 자체가 불확실한데 AI가 함께하는 미래는 더 불확실하다. AI 평가지배사회 역시 마찬가지다.

그럼에도 불구하고 불확실하다고 해서 그냥 넋 놓고 있지 않는 것이 인간이다. 평가지배사회에서 평가 결과에 대한 예측이 어렵고 막막하다고 느끼는 호모 이밸루쿠스도 뭔가를 대비한다. 평가지배사회에 그만큼 익숙

해진 탓도 있지만, 인간의 속성상 생존 본능이 있기 때문에 어떤 형태로든 대비한다. 어렵고 막막하다고 느끼며 불안에 떠는 것도 생존 본능에 따른 몸짓의 하나다. 인간의 감정 중 공포와 불안은 생존을 위한 신호이기 때문이다. 그래서 AI 평가지배사회에서도 AI 호모 이밸루쿠스는 불확실한 미래를 위해 대비한다.

물론 마땅한 대비책이 선명하게 존재하는 것은 아니다. 말 그대로 뭔가를 한다는 것인데, 흔히 미래가 불확실할 때 대비하는 방법 중 하나는 다양한 기본 역량을 기르는 것이다(윤성식, 2018). 무엇이 중요할지 모르니까 기본 역량을 길러서 무엇에 대해서건 기본 대비를 할 수 있으면 된다. AI가 도래할 미래도 마찬가지다. 알 수 없기 때문에 AI에 관한 기본 역량을 기르는 것이 우선이다. AI 평가지배사회를 대비하기 위한 AI에 관련한 기본 역량과 여전히 평가지배사회가 이어질 것이므로 평가의 기초 지식, 평가가 지배하는 사회에 대한 이해 등이 기본 역량에 포함된다. 고도의 이해력과 지식을 의미하는 것이 아니다. 자동차의 부품과 작동 원리를 모두 안다고 해서 자동차를 운전할 수 있는 것이 아닌 것처럼, 그 어떤 상황에서도 기본 정도로는 대응할 수 있는 기본 역량이면 된다. 결국, 예상할 수 없음을 예상하는 것이 가장 적절한 시나리오이고, 그에 대한 대비는 AI에 관한 기본 역량과 AI가 함께하는 평가에 대한 기본 역량을 기르는 것이다.

AI가 아닌 그 무엇의 평가지배사회

지금은 AI 시대라는 말이 일종의 대명사로 쓰이며 사회의 모든 것을 지배하는 듯 보이지만, 시간이 지나면 AI가 아닌 그 무엇이 이 사회를 지배하는 듯 보일 수도 있다. 평가 영역에서도 AI의 영향력보다 더 큰 영향력을 미치는 무엇인가가 나타나서 그 무엇의 평가지배사회가 될 수도 있다. 불과 얼마 전까지 그냥 평가지배사회로 불리던 이 사회가 AI 평가지배사회라고 불리게 될 것이라고 예상한 이가 없었던 것과 같다.

그렇다면 미래의 그 무엇, 즉 AI 이후의 그 무엇이 무엇이며, 그에 따라 그 무엇의 평가지배사회가 될 것인가? AI 평가지배사회 이후에는 현재의 AI의 지능을 뛰어넘는 AI와 관련한 용어가 우선 등장할 것이다. 예컨대 AGI 평가지배사회가 곧 도래할 것이다. 그 이후에도 AGI 이상의 뭔가가 평가지배사회를 수식하는 말이 될 것이다.

하지만 더 멀리 생각해 본다면 AI의 연장선이 아닌 또 다른 지능 체계를 지닌 것이 나타날 수도 있다. 어쩌면 지능이라는 말조차 사용하지 않게 될 수도 있다. 인공지능이란 결국 인간의 지능, 즉 인간이 전제된 것이다. 하지만 미래에는 인간의 지능이 더 이상 참조나 기준이 되지 않을 수도 있다.

따라서 현재의 AI 평가지배사회가 예측할 수 없는 것처럼 먼 미래에는 AI와는 완전히 다른 무엇인가의 평가지배사회가 될 수도 있다. 물론 그렇게 먼 미래가 아닐 수도 있다. 미래를 알 수 없을 때 그나마 알 수 있는 것은 바로 알 수 없다는 것을 알고 있다는 사실뿐이다. AI 평가지배사회 이후가 그렇다.

참고문헌

곽승욱(2025.3.24). [DBR]"복잡한 인간 마음, '내러티브'로 이해해야". 《동아일보》. https://www.donga.com/news/Economy/article/all/20250323/131254399/2

윤성식(2018). 《예측 불가능한 시대에 행복하게 사는 법》. 수오서재.

Mollick, E.(2024). *Co-intelligence: living and working with AI.* Portfolio. 신동숙 옮김(2025). 《듀얼 브레인》. 상상스퀘어.

Shiller, R.(2019). *Narrative economics: how stories go viral and drive major economic events.* Princeton University Press.

박슬라 옮김(2021). 《내러티브 경제학》. 알에이치코리아.

김민주

동양대학교 동두천 캠퍼스 공공인재학부 교수다. 고려대학교에서 행정학 박사학위를 취득했다. 공공인재학부장, 한국행정학회 운영이사, 국회도서관 자료추천위원단 위원, 경인행정학회 연구위원장, 국가평생교육진흥원 독학 행정학 분과위원회 위원, 경기북부병무지청 정책자문위원회 위원, 경기도 동두천 양주교육지원청 공적심사위원회 위원 등 여러 위원회의 위원을 역임했거나 활동 중이다. 평가, 권력, 이미지, 재무행정, 문화 정책, 철학, 관리 등에 관심을 가지고 있다. 지은 책으로는 《AI 상상권력》(2024) 《관료의 언어와 이미지 생산》(2023), 《면접지배사회에서 살아가기》(2022), 《자치와 보이지 않는 권력》(2021), 《행정계량분석론》 제2판(2021), 《호모 이밸루쿠스》(2020), 《재무행정학》(2019), 《공공관리학》(2019), 《시민의 얼굴 정부의 얼굴》(2018), 《정부는 어떤 곳인가》(2017), 《문화정책과 경영》(2016), 《평가지배사회》(2016), 《원조예산의 패턴》(2014) 등이 있다. 이 중 2권(《관료의 언어와 이미지 생산》, 《원조예산의 패턴》)은 대한민국학술원 우수 도서로 선정되었고, 또 다른 2권(《호모 이밸루쿠스》, 《문화정책과 경영》)은 세종도서로 선정되었다. minju0803@gmail.com